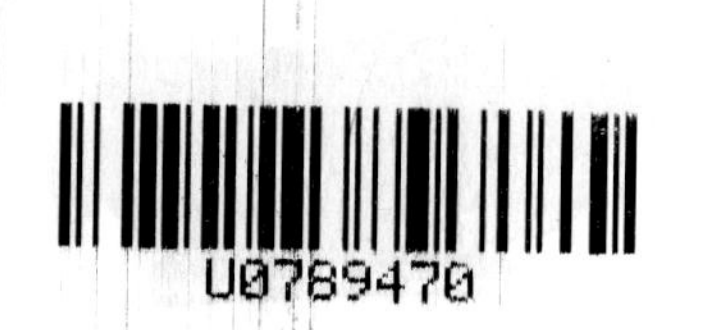

〔三國〕曹操等　注

孫子兵法

第二册

中華書局

〔三國〕嵇康 撰

嵇中散集

第二輯

中華書局

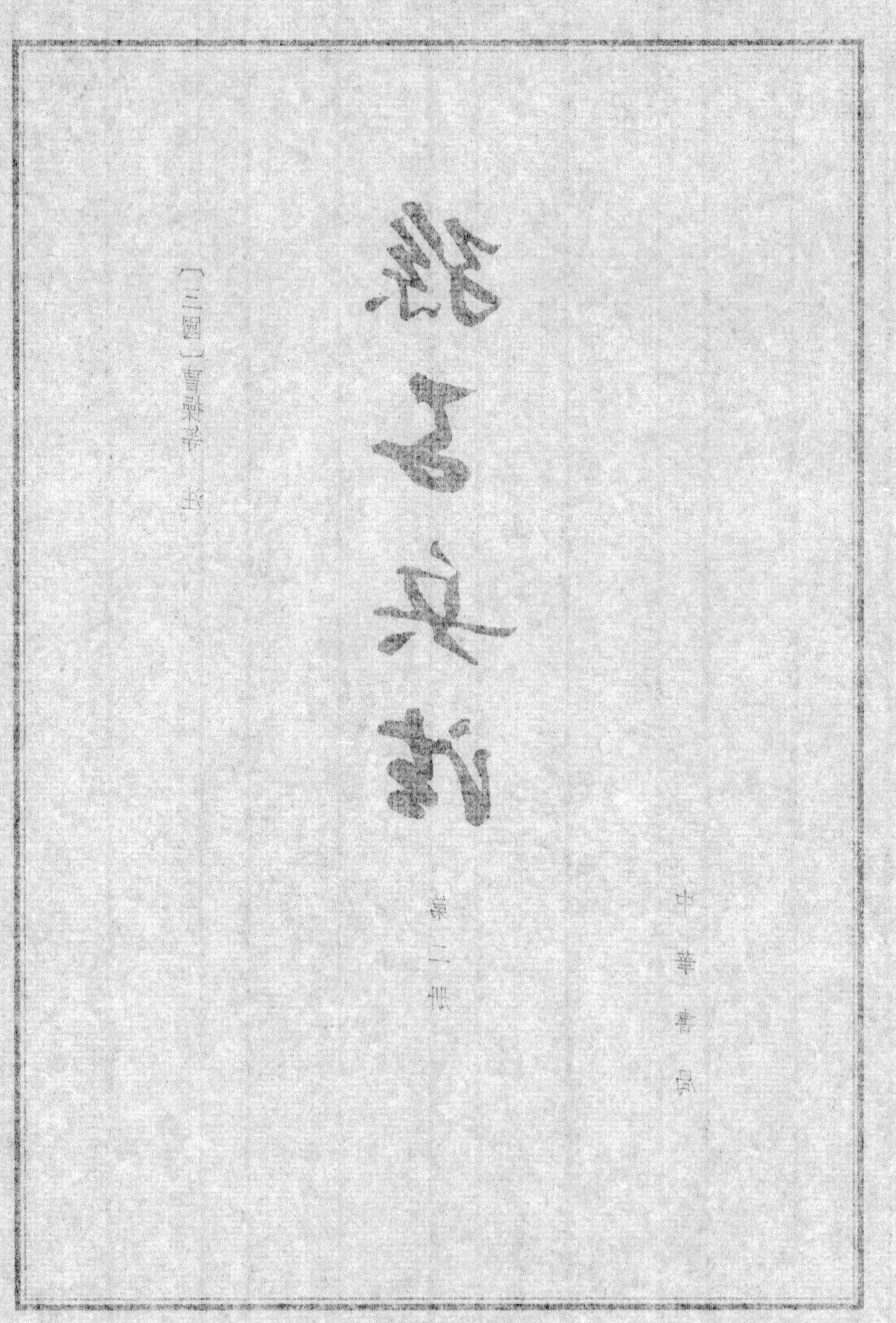

十一家注孫子卷中

勢篇

曹操曰：用兵任勢也。○李筌曰：陳以形成，如決建瓴之勢，故以是篇次之。○王皙曰：勢者，積勢之變也。善戰者，能任勢以取勝，不勞力也。○張預曰：兵勢已成，然後任勢以取勝，故次《形》。

孫子曰：凡治衆如治寡，分數是也；

曹操曰：部曲爲分，什伍爲數。○李筌曰：善用兵者，將鳴一金，舉一旌，而三軍盡應；號令既定，如寡焉。○杜牧曰：分者，分別也。數者，人數也。言部曲行伍，皆分別其人數多少，各任偏裨長伍，訓練昇降，皆責成之，故我所治者寡也，韓信曰「多多益辦」是也。○陳皥曰：若聚兵既衆，即須多爲部伍。部伍之内，各有小吏以主之。故分其人數，使之訓齊決斷；遇敵臨陳，授以方略，則我統之雖衆，治之益寡。○孟氏曰：分，隊伍也。數，兵之大數也。分數多少，制置先定。○梅堯臣曰：部伍、奇正之分數，各有所統。○王皙曰：分數，謂

部曲也。偏裨各有部，分與其人數，若師、旅、卒、兩之屬。○張預曰：統衆既多，必先分偏裨之任，定行伍之數，使不相亂，然後可用。故治兵之法：一人曰獨，二人曰比，三人曰參，比參爲伍，五人爲列，二列爲火，五火爲隊，二隊爲官，二官爲曲，二曲爲部，二部爲校，二校爲裨，二裨爲軍。遞相統屬，各加訓練，雖治百萬之衆，如治寡也。

鬭衆如鬭寡，形名是也；

曹操曰：旌旗曰形，金鼓曰名。○杜牧曰：旌旗、鍾鼓，敵亦有之，我安得獨爲形名？鬭衆如鬭寡也。夫形者，陳形也；名者，旌旗也。戰法曰：「陳間容陳，足曳白刃。」故大陳之中復有小陳，各占地分，皆有陳形。旗者，各依方色，或認以鳥獸，某將某陳，自有名號。形名已定，志專勢孤，人自爲戰，敗則自敗，勝則自勝，戰百萬之兵，如戰一夫，此之是也。○陳皥曰：夫軍士既衆，分布必廣，臨陳對敵，遞不相知，故設旌旗之形，使各認之。進退遲速，又不相聞，故設金鼓以節之。所以令之曰：「聞鼓則進，聞金則止。」曹説是也。○梅堯臣曰：形以旌旗，名以采章，指麾應速，無有後先。○王皙曰：曹公曰：「旌旗曰形，金鼓曰名。」皙

謂：形者，旌旗、金鼓之制度。名者，各有其名號也。○張預曰：《軍政》曰：「言不相聞，故爲鼓鐸。視不相見，故爲旌旗。」今用兵既衆，相去必遠，耳目之力，所不聞見。故令士卒望旌旗之形而前却，聽金鼓之號而行止，則勇者不得獨進，怯者不得獨退，故曰：「此用衆之法也。」

三軍之衆，可使必受敵而無敗者，奇正是也；

曹操曰：先出合戰爲正，後出爲奇。○李筌曰：當敵爲正，傍出爲奇。將三軍，無奇兵，未可與人争利。漢吴王濞擁兵入大梁，吴將田伯禄説吴王曰：「兵屯聚而西，無他奇道，難以立功。臣願得五萬人，别循江淮而上，收淮南、長沙，入武關，與大王會。此亦一奇也。」不從。遂爲周亞夫所敗。此則有正無奇。○杜牧曰：解在下文。○賈林曰：當敵以正陳，取勝以奇兵，前後左右俱能相應，則常勝而不敗也。○梅堯臣曰：動爲奇，静爲正；静以待之，動以勝之。○王晳曰：「必」當作「畢」，字誤也。奇正還相生，故畢受敵而無敗也。○何氏曰：兵體萬變，紛紜混沌，無不是正，無不是奇。若兵以義舉者，正也；臨敵合變者，奇也。我之正，使敵視之爲奇；我之奇，使敵視之爲正。正亦爲奇，奇亦爲正。大抵用兵皆有奇正，無奇正而勝者，幸勝也，浪戰也。如韓信背水而陳，以兵循山，而拔趙幟，以破其國，則背水正也，循山奇也。信又盛兵臨晉，而以木罌從夏陽襲安邑，而虜魏王豹，則臨晉正也，夏陽奇也。由是觀之，受敵無敗者，奇正之謂也。尉繚子曰：「今以鏌鋣之利、犀兕之堅，三軍之衆有所奇正，則天下莫當其戰矣。」○張預曰：三軍雖衆，使人人皆受敵而不敗者，在乎奇正也。奇正之説，諸家不同。尉繚子則曰：「正兵貴先，奇兵貴後。」曹公則曰：「先出合戰爲正，後出爲奇。」李衛公則曰：「兵以前向爲正，後却爲奇。」此皆以正爲正，以奇爲奇，曾不説相變循環之義。唯唐太宗曰：「以奇爲正，使敵視以爲正，則吾以奇擊之。以正爲奇，使敵視以爲奇，則吾以正擊之。混爲一法，使敵莫測。」兹最詳矣。

兵之所加，如以碬投卵者，虚實是也；

曹操曰：以至實擊至虚。○李筌曰：碬實卵虚，以實擊虚，其勢易也。○孟氏曰：碬，石也。兵若訓練至整，部領分明，更能審料敵情，委知虚實，後以兵而加之，實同以碬石投卵也。

謂：形者，旌旗、金鼓之制度；名者，各有其名號也。○張預曰：《軍政》曰：「言不相聞，故為鼓鐸；視不相見，故為旌旗。」今用兵既眾，相去必遠，耳目之力，所不聞見，故令士卒望旌旗之形而前却，聽金鼓之號而行止，則勇者不得獨進，怯者不得獨退。故曰：「此用眾之法也。」

三軍之眾，可使必受敵而無敗者，奇正是也；

曹操曰：先出合戰為正，後出為奇。○李筌曰：當敵為正，傍出為奇。將三軍，無奇兵，未可與人爭利。漢吳王濞擁兵入大梁，吳將田伯祿說吳王曰：「兵屯聚而西，無他奇道，難以立功。臣願得五萬人，別循江淮而上，收淮南、長沙，入武關，與大王會。此亦一奇也。」不從。遂為周亞夫所敗。此則有正無奇。○杜牧曰：解在下文。○賈林曰：當敵以正陳，取勝以奇兵，前後左右俱能相應，則常勝而不敗也。○梅堯臣曰：動為奇，靜為正；靜以待之，動以勝之。○王晳曰：「必」當作「畢」，字誤也。奇正還相生，故畢受敵而無敗也。○何氏曰：兵體萬變，紛紛混混，無不是正，無不是奇。若兵以義舉者，正也；臨敵合變者，奇也。我之

正，使敵視之為奇；我之奇，使敵視之為正。正亦為奇，奇亦為正。大抵用兵皆有奇正，無正而勝者，幸勝也，浪戰也。如韓信背水而陳，以兵循山而拔趙幟，以破其國，則背水正也，循山奇也。信又盛兵臨晉，而以木罌從夏陽襲安邑，而虜魏王豹，則臨晉正也，夏陽奇也。由是觀之，受敵無敗者，奇正之謂也。尉繚子曰：「今以鏌鋣之利，犀兕之堅，三軍之眾有所奇正，則天下莫當其戰矣。」○張預曰：三軍雖眾，使人人皆受敵而不敗者，在乎奇正也。奇正之說，諸家不同。尉繚子則曰：「正兵貴先，奇兵貴後。」曹公則曰：「先出合戰為正，後出為奇。」李衛公則曰：「兵以前向為正，後却為奇。」此皆以正為正，以奇為奇，曾不說相變循環之義。唯唐太宗曰：「以奇為正，使敵視以為正，則吾以奇擊之；以正為奇，使敵視以為奇，則吾以正擊之。混為一法，使敵莫測。」茲最詳矣。

兵之所加，如以碫投卵者，虛實是也。

曹操曰：以至實擊至虛。○李筌曰：碫，實也；卵，虛也。以實擊虛，其勢易也。○孟氏曰：碫，石也。兵若訓練至整，部領分明，更能審料敵情，委知虛實，後以兵而加之，實同以碫石投卵也。

○梅堯臣曰：碬，石也，音遐。以實擊虛，猶以堅破脆也。○王皙曰：鍜，治鐵也。○何氏曰：用兵識虛實之勢，則無不勝。○張預曰：下篇曰「善戰者，致人而不致於人」，此虛實彼我之法也。引致敵來，則彼勢常虛。不往赴彼，則我勢常實。以實擊虛，如舉石投卵，其破之必矣。夫合軍聚衆，先定分數；分數明，然後習形名；形名正，然後分奇正；奇正審，然後虛實可見矣。四事所以次序也。

凡戰者，以正合，以奇勝。

曹操曰：正者當敵，奇兵從傍擊不備也。○李筌曰：戰無其詐，難以勝敵。○杜佑曰：正者當敵，奇者從傍擊不備。以正道合戰，以奇變取勝也。○梅堯臣曰：用正合戰，用奇勝敵。○何氏曰：如戰國廉頗爲趙將，秦使閒曰：「秦獨畏趙括耳，廉頗易與，且降矣。」會頗軍多亡失，數敗，堅壁不戰。又聞秦反閒之言，使括代頗。至，則出軍擊秦。秦軍佯敗而走，張二奇兵以刼之。趙軍逐勝，追造秦壁，壁堅拒不得入。而秦奇兵二萬五千絶趙軍後，又五千騎絶趙壁閒。趙兵分爲二，(被)〔糧〕道絶，括卒敗。又，唐突厥犯塞，煬帝令唐高祖與馬

(也)〔邑〕太守王仁恭率衆備邊。會虜寇馬邑，仁恭以衆寡不敵，有懼色。高祖曰：「今主上遐遠，孤城絶援，若不死戰，難以圖全。」於是親選精騎四千，出爲遊軍，居處飲食，隨逐水草，一同於突厥。見虜候騎，但馳騁獵耳，若輕之。及與虜相遇，則掎角置陳，選善射者爲别隊，持滿以待之。虜莫能測，不敢決戰。因縱奇兵擊走之，獲其特勒所乘駿馬，斬首千餘級。又，太宗選精鋭千餘騎爲奇兵，皆黑衣玄甲，分爲左右隊，建大旗，令騎將秦叔寶、程齩金等分統之。每臨寇，太宗躬被玄甲，先鋒率之，候機而進，所向摧殄，常以少擊衆，賊徒氣慴。又，五代漢高祖在晉陽，郭進往依之，漢祖壯其材。會北虜居安陽城，因遣進攻拔之，戎人遁去，授坊州刺史。虜主道斃，高祖出奇兵井陘，進以閒道先入洺北，因定河北。此皆以奇勝之迹也。○張預曰：兩軍相臨，先以正兵與之合戰，徐發奇兵或擣其旁、或擊其後以勝之，若鄭伯禦燕師，以三軍軍其前，以潛軍軍其後是也。

故善出奇者，無窮如天地，

李筌曰：動静也。

不竭如江河。

李筌曰：通流不絶。○杜佑曰：言應變出奇無窮竭。○張預曰：言應變出奇無有窮竭。

終而復始，日月是也；死而復生，四時是也。

李筌曰：奇變如日月、四時，虧盈、寒暑不停。○杜佑曰：日月運行，入而復出；四時更王，興而復廢。言奇正變化，或若日月之進退、四時之盛衰也。○張預曰：日月運行，入而復出；四時更王，盛而復衰。喻奇正相變，紛紜渾沌，終始無窮也。

聲不過五，

李筌曰：宮、商、角、徵、羽也。

五聲之變，不可勝聽也。

李筌曰：變入八音，奏樂之曲，不可盡聽。

色不過五，

李筌曰：青、黃、赤、白、黑也。

五色之變，不可勝觀也。味不過五，

李筌曰：酸、辛、鹹、甘、苦也。

五味之變，不可勝嘗也。

曹操曰：自「無窮如天地」已下，皆以喻奇正之無窮也。○李筌曰：五味之變，庖宰鼎飪也。○杜牧曰：自「無窮如天地」已下，皆喻八陳奇正也。○張預曰：引五聲、五色、五味之變，以喻奇正相生之無窮。

戰勢不過奇正，奇正之變，不可勝窮也。

李筌曰：邀截掩襲，萬途之勢，不可窮盡也。○梅堯臣曰：奇正之變，猶五聲、五色、五味之變，無盡也。○王皙曰：奇正者，用兵之鈐鍵，制勝之樞機也。臨敵運變，循環不窮，窮則敗也。○孟氏曰：《六韜》云：「奇正發於無窮之源。」○張預曰：戰陳之勢，止於奇正一事而已；及其變而用之，則萬途千轍，烏可窮盡？

奇正相生，如循環之無端，孰能窮之？

李筌曰：奇正相依而生，如環團圓，不可窮端倪也。○梅堯臣曰：變動周旋之不極。○王皙曰：敵不能窮我也。○何氏曰：奇正生而轉相爲變，如循歷其環，求首尾之莫窮也。○張預曰：奇亦爲正，正亦爲奇，變化相生，若循環之無本末，誰能窮詰？

激水之疾，至於漂石者，勢也；

孟氏曰：勢峻，則巨石雖重，不能止。○杜佑曰：言水性柔弱，石性剛重，至於漂轉大石，投之洿下，皆由急疾之流，激得其勢。○張預曰：水性柔弱，險徑要路，激之疾流，則其勢可以轉巨石也。

鷙鳥之疾，至於毀折者，節也。

曹操曰：發起擊敵。○李筌曰：柔勢可以轉剛，況於兵者乎？彈射之所以中飛鳥者，善於疾而有節制。○杜牧曰：勢者，自高注下，得險疾之勢，故能漂石也。節者，節量遠近則搏之，故能毀折物也。○杜佑曰：發起討敵，如鷹鸇之攫撮也，必能挫折禽獸者，皆由伺候之明，邀得屈折之節也。王子曰：「鷹隼一擊，百鳥無以爭其勢。猛虎一奮，萬獸無以爭其威。」○梅堯臣曰：水雖柔，勢迅則漂石。鷙雖微，節勁則折物。○王皙曰：鷙鳥之疾，亦勢也，由勢然後有搏擊之節。下要云險，故先取漂石以喻也。○何氏曰：水能動石，高下之勢也。鷙能搏物，能節其遠近也。○張預曰：鷹鸇之擒鳥雀，必節量遠近，伺候審而後擊，故能折物。尉繚子曰：「便吾器用，養吾武勇，發之如鳥擊。」李靖曰：「鷙鳥將擊，卑飛斂翼。」皆言待之而後發也。

是故善戰者，其勢險，

曹操、李筌曰：險，猶疾也。○杜牧曰：險者，言戰爭之勢，發則殺人，故下文喻如彍弩。○王皙曰：險者，折以致其疾也，如水得險隘而成勢。

其節短。

曹操、李筌曰：短，近也。○杜牧曰：言以近節也。如鷙鳥之發，近則搏之，力全志專，則必獲也。○杜佑曰：短，近也。節，斷也。短近，言能因危取勝，以卒擊近也。○梅堯臣曰：險則迅，短則勁，故戰之勢，當險疾而短近也。○王皙曰：鷙之能搏者，發必中，來勢遠，而所搏

之節至短也。兵之乘機，當如是耳。曹公曰：「短者，近也。」○孟氏同杜牧註。○張預曰：險，疾；短，近也。言善戰者，先度地之遠近、形之廣狹，然後立陳，使部伍行列相去不遠。其進擊，則以五十步爲節，不可過遠，故勢迅則難禦，節近則易勝。

勢如彍弩，節如發機。

曹操曰：在度不遠，發則中也。○李筌曰：弩不疾，則不遠。矢不近，則不中。勢尚疾，節務速。○杜牧曰：彍，張也。如弩已張，發則殺人，故上文云「其勢險」也。機者，固須以近節量之，然後必能中，故上文云「其節短」。短，乃近也。此言戰陳不可遠逐敵人，恐有隊伍離散斷絶，反爲敵所乘也。故《牧野誓》曰「六步、七步，四伐、五伐」，是以近也。○陳皞曰：弩之發機，近則易中。戰之遇敵，疾則易捷。若趨馳不速，奮擊不近，則不能克敵而全勝。○賈林曰：戰之勢，如弩之張。兵之勢，如機之發。○梅堯臣曰：彍，音霍，彍張也。如弩之張，勢不逡巡；如機之發，節近易中也。○王晳曰：戰勢如弩之張者，所以有待也。待其有可乘之勢，如發其機。○何氏曰：險，疾也。短，近也。此言擊戰得形，便如張弩發機，勢宜疾速，仍利於便近，不得追擊過差也。故太公曰：「擊如發機者，所以破精微也。」○張

預曰：如弩之張，勢不可緩。如機之發，節不可遠。言趨利尚疾，奮擊貴近也。故太公曰：「擊如發機者，所以破精微也。」

紛紛紜紜，鬭亂而不可亂也。渾渾沌沌，形圓而不可敗也。

曹操曰：旌旗亂也，示敵若亂，以金鼓齊之。車騎轉而形圓者，出入有道，齊整也。○李筌曰：紛紜而鬭，示如可亂。建旌有部，鳴金有節，是以不可亂也。渾沌，合雜也。形圓，無向背也。示敵可敗而不可敗者，號令齊整也。○杜牧曰：此言陳法也。《風后握奇文》曰：「四爲正，四爲奇，餘奇爲握。奇音機，或揔稱之。先出游軍定兩端。」此之是也。奇者，零也。陳數有九，中心有零者，大將握之不動，以制四面八陳，而取準則焉。其人之列，面面相向，背背相承也。《周禮》：「蒐苗獮狩，車驟徒趨，及表乃止。進退疾徐，疏密之節，一如戰陳。」表，乃旗也。旗者，蓋與民期於下也。《握奇文》曰：「先出游軍定兩端。」蓋游軍執本方旗，先定地界，然後軍士赴之，兵於旗下，乃出奇正，變爲陳也。《周禮》「蒐苗獮狩，車驟徒

趨，及表乃止」，此則八陳遺制。《握奇》之文，止此而已；其餘之詞，乃後之作者增加之，以重難其事耳。夫五兵之利，無如弧矢之利，以威天下。五兵同致，天獨有弧矢星。聖人獨言弧矢能威天下，不言他兵，何也？蓋戰法利於弧矢者，非得陳不見其利。故黄帝勝於蚩尤，以中夏車徒制夷虜騎士，此乃弧矢之利也。在於近代，可以驗之者，晉武時，羌陷涼州，司馬督馬隆請募勇士三千平之，募腰引弩三十六鈞，弓四鈞，立標簡試。軍西渡温水，虜樹機能以衆萬計遏隆。隆依八陳法，且戰且前，弓矢所〔及〕，人皆應弦而倒，誅殺萬計，涼州遂平。隋時，突厥入寇，楊素擊之。先是諸將與虜戰，每虜胡騎奔突，皆戎車徒步相參，舁鹿角爲方陳，騎在其内。素至，悉除舊法，令諸軍各爲步騎。突厥聞之，以手加額，仰天曰：「天賜我也。」大率精騎十餘萬而至。素一戰大破之。此乃以徒步制騎士，若非有陳法，知開闔首尾之道，安能致勝也？《曲禮》曰：「行前朱雀而後玄武，左青龍而右白虎，招摇在上，急繕其怒。」鄭司農云：「以四獸爲軍陳，象天也。」孔疏曰：「此言軍行象天文而作陳法，但不知作之何如耳。」何徽云：「畫此四獸於旌旗上，以標前後左右之陳也。『急繕其怒』，言其卒之勁利威怒如天之怒也。『招摇』，北斗杓第七星也。舉此，則六星可知也。陳象天文，即北斗也。」復曰：「進退有度。」鄭司農註曰：「度，謂伐與步數也。」孔疏曰：「如《牧野誓》云『六步、七步，四伐、五伐』是也。」復曰：「左右有局。」鄭司農註曰：「局是步分。」孔疏曰：「言軍之左右各有部分，進則就敵，退則就列，不相差濫也。」下文復曰：「父之讎，弗與共戴天。兄弟之讎，不返兵。交遊之讎，不同國。四郊多壘，此卿大夫之辱也。」此言讎辱至於戰争，期在必勝，固不可不知陳法也。其文故相次而言，乃聖賢之深旨矣。《軍志》曰：「陳間容陳，足曳白刃。隊間容隊，可與敵對。前禦其前，後當其後。左防其左，右防其右。行必魚貫，立必鴈行。長以參短，短以參長。回軍轉陳，以前爲後，以後爲前。進無奔迸，退無違走。四頭八尾，觸處爲首。敵衝其中，兩頭俱救。」此亦與《曲禮》之説同。數起於五，而終於八。今夔州州前，諸葛武侯以石縱横八行，布爲方陳，奇正之出，皆生於此，奇亦爲正之正，正亦爲奇之奇，彼此相用，循環無窮也。諸葛出斜谷，以兵少，但能正用六數。今盩厔司竹園乃有舊壘。司馬懿以十萬步騎不敢決戰，蓋知其能也。〇杜佑曰：旌旗亂也；示敵若亂，以金鼓齊

之。紛紛，旌旗像。紜紜，士卒貌。言旌旗翻轉，一合一離。士卒進退，或往或來。視之若散，擾之若亂。然其法令素定，度職分明，各有分數，擾而不亂者也。車騎齊轉，形圓者，出入有道，齊整也。渾渾，車輪轉行。沌沌，步驟奔馳。視其行陳縱横，圓而不方，然而指趨各有所應。故王子曰：「將欲内明而外暗，内治而外混，所以示敵之輕己者也。」○梅堯臣曰：分數已定，形名已立，離合散聚，似亂而不能亂。形無首尾，應無前後，陽旋陰轉，欲敗而不能敗。○王晳曰：曹公曰：「旌旗亂也；示敵若亂，以金鼓齊之矣。」晳謂紛紜，鬭亂之貌也；不可亂者，節制嚴明耳。又，曹公曰：「車騎轉而形圓者，出入有道，齊整也。」晳謂渾沌，形圓不測之貌也；不可敗者，無所隙缺，又不測故也。○何氏曰：此言鬭勢也。善將兵者，進退紛紛，似亂，然士馬素習，旌旗有節，非亂也。渾沌，形勢乍離乍合，人以爲敗，而號令素明，離合有勢，非可敗也。形圓，無行列也。○張預曰：此八陳法也。昔黄帝始立丘井之法，因以制兵，故井分四道，八家處之。「井」字之形，開方九焉，五爲陳法，四爲閑地，所謂「數起於五」也。虚其中，大將居之，環其四面，諸部連繞，所謂「終於八」也。及乎變化制敵，則紛紜聚散，鬭雖亂而法不亂；渾沌交錯，形雖圓而勢不散，所謂分而成八、復而爲一也。後世武侯之方陳，李靖之「六花」，唐太宗之破陳樂舞，皆其遺制也。

亂生於治，怯生於勇，弱生於彊。

曹操曰：皆毁形匿情也。○李筌曰：恃治之整，不撫其下而多怨，其亂必生。秦併天下，銷兵焚書，以列國爲郡縣，而秦自稱始皇，都關中，以爲至萬代有之。至胡亥矜驕，陳勝、吴廣乘弊而起，所謂「亂生於治」也。以勇陵人，爲敵所敗。秦王符堅鼓行伐晉，勇也；及其敗，聞風聲鶴唳，以爲晉軍，是其怯也，所謂「怯生於勇」也。吴王夫差兵無敵於天下，陵齊於黄池，陵越於會稽，是其彊也；爲越所敗，城門不守，兵圍王宫，殺夫差而并其國，所謂「弱生於彊」也。○杜牧曰：言欲僞爲亂形以誘敵人，先須至治，然後能爲僞亂也。欲僞爲怯形以伺敵人，先須至勇，然後能爲僞怯也。欲僞爲弱形以驕敵人，先須至彊，然後能爲僞弱也。○賈林曰：恃治則亂生，恃勇彊則怯弱生。○梅堯臣曰：治則能僞爲亂，勇則能僞爲怯，彊則能僞爲弱。○王晳同梅堯臣註。○何氏曰：言戰時爲奇正形勢以破敵也。我兵素治矣，我士素

勇矣，我勢素彊矣，若不匿治、勇、彊之勢，何以致敵？須張似亂、似怯、似弱之形，以誘敵人，彼惑我誘之之狀，破之必矣。○張預曰：能示敵以紛亂，必己之治也。能示敵以懦怯，必己之勇也。能示敵以羸弱，必己之強也。皆匿形以誤敵人。

治亂，數也；

曹操曰：以部曲分名數爲之，故不可亂也。○李筌曰：歷數也。百六之災，陰陽之數，不由人興，時所會也。○杜牧曰：言行伍各有分畫，部曲皆有名數，故能爲治，然後能爲僞亂也。夫爲僞亂者，出入不時，樵採縱橫，刁斗不嚴是也。○賈林曰：治亂之分各有度數。○梅堯臣曰：以治爲亂，存之乎分數。○王晳曰：治亂者，數之變。數，謂法制。○張預曰：實治而僞示以亂，明其部曲行伍之數也，上文所謂「治衆如治寡，分數是也」。

勇怯，勢也；

李筌曰：夫兵，得其勢則怯者勇，失其勢則勇者怯。兵法無定，惟因勢而成也。○杜牧曰：言以勇爲怯者也。見有利之勢而不動，敵人以我爲實怯也。○陳皞曰：勇者，奮速也。怯者，淹緩也。敵人見我欲進不進，即以我爲怯也。必有輕易之心，我因其懈惰，假勢以攻之。龍且輕韓信，鄭人誘我師是也。○孟氏註同陳皞。○梅堯臣曰：以勇爲怯，示之以不取。○王晳曰：勇怯者，勢之變。○張預曰：實勇而僞示以怯，因其勢也。魏將龐涓攻韓，齊將田忌救之。孫臏謂忌曰：「彼三晉之兵，素悍勇而輕齊，齊號爲怯。善戰者，因其勢而利導之，使齊軍入魏地，日減其竈。」涓聞之大喜，曰：「吾素知齊怯。」乃倍日并行逐之，遂敗於馬陵。

彊弱，形也。

曹操曰：形勢所宜。○杜牧曰：以彊爲弱，須示其形，匈奴冒頓示婁敬以羸老是也。○陳皞曰：楚王毀中軍以張隨人，用爲後圖，此類也。○梅堯臣曰：以彊爲弱，形之以羸懦。○王晳曰：彊弱者，形之變。○何氏曰：形勢暫變，以誘敵戰，非怯非弱也。示亂不亂，隊伍本整也。○張預曰：實彊而僞示以弱，見其形也。漢高祖欲擊匈奴，遣使覘之。匈奴匿其壯士肥馬，見其弱兵羸畜。使者十輩皆言可擊，惟婁敬曰：「兩國相攻，宜矜誇所長，今徒見老弱，

必有奇兵，不可擊也。」帝不從，果有白登之圍。

故善動敵者，形之，敵必從之；

曹操曰：見羸形也。○李筌曰：善誘敵者，軍或羸，能進退其敵也。晉人伐齊，斥山澤之險，雖所不至，必旆而疏陳之，輿曳柴從之。齊人登山而望晉師，見旌旗揚塵，謂其衆而夜遁，則晉弱齊爲羸也。齊伐魏，將田忌用孫臏謀，減竈而趨大梁。魏將龐涓逐之，曰：「齊（魯）〔虜〕何其怯也！入吾境，亡者半矣。」及馬陵，爲齊人所敗，殺龐涓，虜魏太子而旋。形以弱，而敵從之也。○杜牧曰：非止於羸弱也。言我彊敵弱，則示以羸形，動之使來；我弱敵彊，則示之以彊形，動之使去。敵之動作，皆須從我。孫臏曰：「齊國號怯，三晉輕之。」令入魏境爲十萬竈，明日爲五萬竈。」魏龐涓逐之，曰：「齊虜何怯也！入吾境土，亡者太半。」因急追之。至馬陵，道狹，臏乃斫木書之曰：「龐涓死此樹下。」伏弩於側，令曰：「見火始發。」涓至，鑽燧讀之，萬弩齊發，龐涓死。此乃示以羸形，能動龐涓，遂來從我而殺之也。隋煬帝於鴈門爲突厥始畢可汗所圍，太宗應募救援，隸將軍雲定興營。將行，謂定興曰：「必多齎旗鼓，以設疑兵。且始畢可汗敢圍天子，必以我倉卒無援；我張吾軍容，令數十里，晝則旌旗相續，夜則鉦鼓相應，虜必以爲救兵雲集，覩塵而遁。不然，彼衆我寡，不能久矣。」定興從之，師次崞縣，始畢遁去。此乃我弱敵彊，示之以彊，動之令去。故敵之來去，一皆從我之形也。○梅堯臣曰：形亂弱而必從。○王晳曰：誘敵使必從。○何氏曰：移形變勢，誘動敵人；敵昧於戰，必落我計中而來，力足制之。○張預曰：形之以羸弱，敵必來從。晉楚相攻，苗賁皇謂晉侯曰：「若欒、范易行以誘之，中行、二郤必克二穆。」果敗楚師。又，楚伐隨，羸師以張之。季良曰：「楚之羸，誘我也。」皆此二義也。

予之，敵必取之。

曹操曰：以利誘敵，敵遠離其壘，而以便勢擊其空虛孤特也。○杜牧曰：曹公與袁紹相持官渡，曹公循河而西，紹於是渡河追公。公營南阪，下馬解鞍。時白馬輜重就道，諸將以爲敵騎多，不如還營。荀攸曰：「此所以餌敵也，安可去之？」紹將文醜與劉備將五六千騎，前後繼至，或分趨輜重。公曰：「可矣。」乃皆上馬。時騎不滿六百人，遂大破之，斬文醜。○梅堯

荀子集解　卷中　樂論

臣曰：示畏怯而必取。○王晳曰：餌敵使必取。「予」、「與」同。○張預曰：誘之以小利，敵必來取，吴以囚徒誘越，楚以樵者誘絞是也。

以利動之，以卒待之。

曹操曰：以利動敵也。○李筌曰：後漢大司馬鄧禹之攻赤眉也，赤眉佯北，棄輜重而遁，車皆載土，覆之以豆。禹軍乏食，競趨之，不爲行列。赤眉伏兵奄至，擊之，禹大敗。則其義也。○杜牧曰：以利動敵，敵既從我，則嚴兵以待之。上文所解是也。○梅堯臣曰：以上數事，動誘(動)〔敵〕而從我，則以精卒待之。○王晳曰：或使之從，或使之取，必先嚴兵以待之也。○何氏曰：敵貪我利，則失行列；利既能動，則以所待之卒擊之，無不勝也。如曹公西征馬超，與超夾關爲軍。公急持之，而潛遣徐晃、朱靈等夜渡蒲坂津，據河西爲營。公自潼關北渡，未濟。超赴船急戰，公放牛馬以餌賊。賊亂取牛馬，公得渡，循河爲甬道而南。賊退距渭口，公乃多設疑兵，潛以舟載兵入渭，爲浮橋，夜分兵結營於渭南。賊夜攻營，伏兵奮擊，破之。十六國南(梁)〔涼〕禿髮傉檀守姑臧，後秦姚興遣將姚弼等至於城下，傉檀驅牛羊於野，

弼衆採掠，傉檀分兵擊，大破之。後魏末，大將廣陽王元深伐北狄，使于謹單騎入賊中，示以恩信。於是西部鐵勒酋長乜列河等三萬餘户並款附，相率南遷。廣陽欲與謹至折敷嶺迎接之，謹曰：「破六汗拔陵兵衆不少，聞乜列河等歸附，必來邀擊。彼若先據險要，則難與爭鋒。今以乜列河等餌之，當競來抄掠，然後設伏而待，必指掌破之。」廣陽然其計。拔陵果來邀擊，破乜列河於嶺上，部衆皆没。謹伏兵發，賊遂大敗，悉收得乜列河之衆。○張預曰：形之既從，予之又取，是能以利動之而來也，則以勁卒待之。李靖以「卒」爲「本」，「以本待之」者，謂正兵節制之師。

故善戰者，求之於勢，不責於人，

杜佑曰：言勝負之道，自圖於中，不求之下，責怒師衆，彊使力進也，若秦穆悔過，不替孟明也。

故能擇人而任勢。

一作「故能擇人而任之」。諸家作「任勢」者多矣。○曹操曰：求之於勢者，專任權也。不

責於人者，權變明也。○李筌曰：得勢而戰，人怯者能勇，故能擇其所能任之。夫勇者可戰，謹慎者可守，智者可説，無棄物也。○杜牧曰：言善戰者，先料兵勢，然後量人之材，隨短長以任之，不責成於不材者也。曹公征張魯於漢中，張遼、李典、樂進將七千餘人守合淝，教與護軍薛悌，署函邊曰：「賊至乃發。」俄而吴孫權十萬人衆圍合淝，乃共發教曰：「若孫權至者，張、李將軍出戰，樂將軍守，護軍勿得與戰。」諸將皆疑。遼曰：「公征在外，比救至，彼破我必矣。是以教及其未合逆擊之，折其威勢，以安衆心，然後可守。成敗之機，在此一舉。」典與遼同出，果大破孫權。吴人奪氣，還修守備，衆心乃安。權攻城，十日不拔，乃退。孫盛論曰：「夫兵，詭道也。至於合淝之守，懸弱無援，專任勇者，則好戰生患；專任怯者，則懼心難保。且彼衆我寡，衆者必懷貪惰；我以致命之師，擊貪惰之卒，其勢必勝。勝而後守，則必固矣。是以魏武雜選武力，參以異同，爲之密教，節宣其用，事至而應，若合符契也。」○賈林曰：讀爲「擇人而任勢」，言示以必勝之勢，使人從之，豈更外責於人，求其勝敗？擇勇怯之人，任進退之勢。○陳皥曰：善戰者專求於勢，見利速進，不爲敵先，專任機權，不責成於人。苟不獲已而用人，即須擇而任之。○杜佑曰：權變之明，能簡置於人，任己之形勢也。○梅堯臣曰：用人以勢則易，責人以力則難，能者當在擇人而任勢。○何氏曰：得勢自勝，不專責人以力也。○王晳曰：謂將能擇人任勢以戰，則自然勝矣。人者，謂偏裨與？○張預曰：任人之法，使貪、使愚、使智、使勇各任自然之勢，不責人之所不能，故隨材大小，擇而任之。尉繚子曰：「因其所長而用之。」言三軍之中，有長於步者，有長於騎者，因能而用，則人盡其材。又，曾侯類能而使之是也。

任勢者，其戰人也，如轉木石。木石之性，安則静，危則動，方則止，圓則行。

曹操曰：任自然勢也。○李筌曰：任勢御衆，當如此也。○杜佑曰：言投之安地則安，投之危地則危，不知有所回避也。任勢，自然也。方圓之形，猶兵勝負之形。○梅堯臣曰：木石，重物也，易以勢動，難以力移；三軍，至衆也，可以勢戰，不可以力使，自然之道也。○何氏同梅堯臣註。○張預曰：木石之性，置之安地則静，置之危地則動，方正則止，圓斜則行，自然之勢也。三軍之衆，甚陷則不懼，無所往則固，不得已則鬭，亦自然之道。

繚子彙述　卷中　襄篇

三

故善戰人之勢，如轉圓石於千仞之山者，勢也。

李筌曰：蒯通以爲坂上走丸，言其易也。〇杜牧曰：轉石於千仞之山，不可止遏者，在山不在石也。戰人有百勝之勇，彊弱一貫者，在勢不在人也。杜公元凱曰：「昔樂毅藉濟西一戰，能併彊齊，今兵威已成，如破竹數節之後，迎刃自解，無復著手，此勢也。勢不可失。」乃東下建鄴，終滅吴。此篇大抵言兵貴任勢，以險迅疾速爲本，故能用力少而得功多也。〇梅堯臣曰：圓石在山，屹然其勢，一人推之，千人莫制也。〇王晳曰：石不能自轉，因山之勢而不可遏也。戰不能妄勝，因兵之勢而不可支也。〇張預曰：石轉於山而不可止遏者，由勢使之也。兵在於險而不可制禦者，亦勢使之也。李靖曰：「兵有三勢：將輕敵，士樂戰，志勵青雲，氣等飄風，謂之氣勢。關山狹路，羊腸狗門，一夫守之，千人不過，謂之地勢。因敵怠慢，勞役飢渴，前營未舍，後軍半濟，謂之因勢。故用兵任勢，如峻坂走丸，用力至微，而成功甚博也。」

虛實篇

曹操曰：能虛實彼己也。〇李筌曰：善用兵者，以虛爲實；善破敵者，以實爲虛，故次其篇。〇杜牧曰：夫兵者，避實擊虛，先須識彼我之虛實也。〇王晳曰：凡自守以實，攻敵以虛也。〇張預曰：《形篇》言攻守，《勢篇》説奇正。善用兵者，先知攻守兩齊之法，然後知奇正；先知奇正相變之術，然後知虛實。蓋奇正自攻守而用，虛實由奇正而見，故次《勢》。

孫子曰：凡先處戰地而待敵者佚，

曹操、李筌並曰：力有餘也。〇賈林曰：先處形勝之地以待敵者，則有備豫，士馬閑逸。〇杜佑同賈林註。〇王晳同曹操註。〇張預曰：形勢之地，我先據之，以待敵人之來，則士馬閑逸，而力有餘。

後處戰地而趨戰者勞。

李筌曰：力不足也。《太一遁甲》云：「彼來攻我，則我爲主，彼爲客，主易客難也。」是以《太一遁甲》言其定計之義，故知勞佚事不同，先後勢異。〇杜牧曰：後周遺將，帥突厥之衆

逼齊，齊將段韶禦之。時大雪之後，周人以步卒爲前鋒，從西而下，去城二里。諸將欲逆擊之，韶曰：「步人氣力勢自有限，今積雪既厚，逆戰非便，不如陳以待之，彼勞我佚，破之必矣。」既而交戰，大破之，前鋒盡殪，自餘遁矣。〇賈林曰：敵處便利，我則不往，引兵別據，示不敵其軍，敵謂我無謀，必來攻襲，如此，則反令敵倦，而我不勞。〇孟氏曰：若敵已處便勢之地，己方赴利，士馬勞倦，則不利矣。〇梅堯臣曰：先至待敵則力完，後至趨戰則力屈。〇何氏曰：戰國秦師伐韓，圍閼與，趙遣將趙奢救之。軍士許歷曰：「秦人不意趙師至此，其來氣盛。將軍必厚集其陳以待之，不然必敗。」又曰：「先據北山者勝，後至者敗。」趙奢即發萬人趨之。秦兵後至，争山，不得上。趙奢縱兵擊之，大破秦軍，遂解閼與之圍。後漢初，諸將征隗囂，爲囂所敗。光武令悉軍栒邑。未及至，隗囂乘勝使其將王元、行巡將二萬餘人下隴，因分遣巡取栒邑。漢將馮異即馳馬欲先據之。諸將皆曰：「虜兵盛而新乘勝，不可與争，宜止軍便地，徐思方略。」異曰：「虜兵方盛臨境，狃忕小利，遂欲深入；若得栒邑，三輔動摇，是吾憂也。夫攻者不足，守者有餘，今先據城，以佚待勞，非所以争鋒也。」遂潛往，閉城，偃旗鼓。行巡不知，馳赴之。異乘其不意，卒擊鼓建旗而出，巡軍驚亂奔走，追而大破之。東魏將齊神武伐西魏，軍過蒲津，涉洛，至許原。西魏將周文帝軍至沙苑。齊神武聞周文至，引軍來會。詰朝，候騎告齊神武軍且至，周文步將李弼曰：「彼衆我寡，不可平地置陳，此東十里有渭曲，可先據以待之。」遂軍至渭曲，背水東西爲陳，合戰，大破之。〇張預曰：便利之地，彼已據之，我方趨彼以戰，則士馬勞倦，而力不足。或謂所戰之地，我宜先到，立陳以待彼，則己佚矣。彼先結陳，我後至，則我勞矣。若宋人已成列，楚師未既濟之類。

故善戰者，致人而不致於人。

李筌曰：故能致人之勞，不致人之佚也。〇杜牧曰：致令敵來就我，我當蓄力待之，不就敵人，恐我勞也。後漢張步將費邑分遣其弟敢守巨里。耿弇進兵，先脅巨里，使多伐樹木，揚言以填坑壍。數日，有降者言：邑聞弇欲攻巨里，謀來救之。弇乃嚴令軍中趨修攻具，宣勒諸部，後三日當悉力攻巨里城。陰緩生口，令得亡歸。歸者以弇期告邑。至日，果自將精兵三萬餘人來救之。弇喜謂諸將曰：「吾修攻具者，欲誘致邑耳，今來，適其所求也。」即分三千

人守巨里，自引精兵上岡阪，乘高大破之，遂臨陳斬費邑。○杜佑曰：言兩軍相遠，彊弱俱敵，彼可使歷險而來，我不可歷險而往，必能引致敵人，己不往從也。○梅堯臣曰：能令敵來，則敵勞。我不往就，則我佚。○王晳曰：致人者，以佚乘其勞。致於人者，以勞乘其佚。○何氏曰：令敵自來。○張預曰：致敵來戰，則彼勢常虛。不往赴戰，則我勢常實。此乃虛實彼我之術也。耿弇先逼巨里以誘致費邑，近之。

能使敵人自至者，利之也；

曹操曰：誘之以利也。○李筌曰：以利誘之，敵則自遠而至也。趙將李牧誘匈奴，則其義也。○杜牧曰：李牧大縱畜牧，人衆滿野，匈奴小入，佯北不勝，以數千人委之。單于大喜，率衆來入，牧大破之，殺匈奴十萬騎。單于奔走，歲餘不敢犯邊也。○梅堯臣曰：何能自來？示之以利。○何氏曰：以利誘之而來，我佚敵勞。○張預曰：所以能致敵之來者，誘之以利耳，李牧佯北以致匈奴，楊素毁車以誘突厥是也。

能使敵人不得至者，害之也。

曹操曰：出其所必趨，攻其所必救。○李筌曰：害其所急，彼必釋我而自固也。魏人寇趙邯鄲，乞師於齊。齊將田忌欲救趙，孫臏曰：「夫解紛者不控捲，救鬬者不搏撠，批亢擣虛，形格勢禁，則自解爾。今二國相持，輕鋭竭於外，疲老殆於內，我襲其虛，彼必解圍而奔命，所謂一舉存趙而弊魏也。」後魏果釋趙而奔大梁，遭齊人於馬陵，魏師敗績。○杜牧曰：曹公攻河北，師次頓丘，黑山賊于毒等攻武陽。曹公乃引兵西入山，攻毒本屯。毒聞之，棄武陽還。曹公要擊於內，大破之也。○陳皥曰：子胥疲楚師，孫臏走魏將之類也。○杜佑曰：致其所必走，攻其所必救，能守其險害之要路，敵不得自至。故王子曰：「一猫當穴，萬鼠不敢出。一虎當溪，萬鹿不敢過。」○梅堯臣曰：敵不得來，當制之以害。○王晳曰：以害形之，敵患之而不至。○張預曰：所以能令敵人必不得至者，害其所顧愛耳，孫臏直走大梁，而解邯鄲之圍是也。

故敵佚能勞之，

曹操曰：以事煩之。○李筌曰：攻其不意，使敵疲於奔命。○杜牧曰：高熲言平陳之策於

隋祖曰：「江北地寒，田收差晚。江南土熱，水田早熟。量彼收穫之際，徵兵上馬，聲言掩襲，彼必屯兵禦守，足得廢其農時。彼既聚兵，我便解甲。」於是，陳人始病。○梅堯臣曰：撓之，使不得休息。○王晳曰：巧致之也。○何氏曰：春秋時，吳王闔閭問於伍員曰：「伐楚何如？」對曰：「楚執政衆，莫適任患，若爲三師以肄焉：一師至，彼必皆出；彼出則歸，彼歸則出，彼必道弊。亟肄以疲之，多方以誤之，既罷而後，以三軍繼之，必大克之。」闔閭從之，楚於是乎始病。吳遂入郢。○張預曰：爲多方以誤之之術，使其不得休息。或曰：彼若先處戰地以待我，則是彼佚也，我不可趨而與之戰。我既不往，彼必自來，即是變佚爲勞也。

飽能饑之，

曹操曰：絶糧道以饑之。○李筌曰：焚其積聚，芟其禾苗，絶其糧道。○杜牧曰：我爲主，敵爲客，則可以絶糧道而饑之。如我爲客，敵爲主，則如之何？答曰：饑敵之術，非止絶糧道，但能饑之則是。隋高熲平陳之策曰：「江南土薄，舍多茅竹，有畜積，皆非地窖。密遣人因風縱火，待敵修立，更復燒之，不出數年，自可財力俱盡。」遂行其策，由是陳人益困。三

國時，諸葛誕、文欽據壽春。及招吳請援，司馬景王討之，謂諸將曰：「彼當突圍，決一朝之命；或謂大軍不能久，省食減口，冀有他變。料賊之情，不出此二者。當多方以亂之。」因命合圍，遣羸疾寄穀淮北廩，軍士豆人三升。誕、欽聞之，果喜。景王愈羸形以示之。誕等益寬，恣食。俄而城中糧盡，攻而拔之。隋末，宇文化及率兵攻李密於黎陽，密知化及糧少，因僞和之，以弊其衆。化及大喜，恣其兵食，冀密饋之。其後食盡，其將王智略、張童仁等率所部兵歸於密，前後相繼，化及以此遂敗。○陳皞曰：饑敵之術，在臨事應機。○梅堯臣曰：要其糧，使不得饋。○王晳曰：謂敵人足食，我能使之饑乏耳。曹公曰「絶其糧道」，晳謂火積亦是也。○何氏曰：如吳楚反，周亞夫曰：「楚兵剽輕，難與争鋒，願以梁委之，絶其食道，乃可制也。」亞夫會兵滎陽，吳攻梁，梁急，請救。亞夫引兵東北，走昌邑，深壁而守，使輕騎弓高侯等絶吳、楚兵後食道。兵乏糧，饑，欲退，數挑戰，終不出，乃引兵去。精兵追擊，大破之。王莽末，天下亂，光武兄伯升起兵討莽，爲莽將甄阜、梁丘賜所敗，復收會兵衆，還保於棘陽。阜、賜乘勝留輜重於藍鄉，引精兵十餘萬人南渡，橫臨沘水。阻兩山間爲營，絶後橋，

卷　中　演義部

燕子尖淺

示無還心。伯升於是大饗軍士，設盟約，休卒三日，爲六部，潛師夜起，襲取藍鄉，盡獲其輜重。明晨，自南攻甄阜，下江兵自東南攻梁丘賜。乏食陳潰，遂斬阜、賜。唐輔公祏遣其僞將馮惠亮、陳當世領水軍屯于博望山。陳正通、河間王孝恭、徐紹宗率步騎軍于青州山。河間王孝恭至，堅壁不與鬬，使奇兵斷其糧道。賊漸餒，夜薄我營，孝恭安卧不動。明日，縱羸兵以攻賊壘，使盧祖尚率精騎列陳以待之。俄而攻壘者敗走，出追，奔數里，遇祖尚軍，與戰，大敗之，正通棄營而走。○張預曰：我先舉兵，則我爲客，彼爲主，爲客，則食不足，爲主，則飽有餘。若奪其畜積，掠其田野，因糧於彼，館穀於敵，則我反飽，彼反饑矣，則是變客爲主也，不必焚其積聚，廢其農時，然後能饑敵矣。或彼爲客，則絶其糧道，廣武君欲請奇兵以遮絶韓信軍後是也。

安能動之，

曹操曰：攻其所必愛，出其所必趨，則使敵不得不相救也。○李筌曰：出其所必趨，擊其所不意，攻其所必愛，使不得不救也。○杜牧曰：司馬宣王攻公孫文懿於遼東，阻遼水以拒魏軍。宣王曰：「賊堅營高壘以老我師，攻之正入其計。古人云：敵雖高壘，不得不與我戰者，攻其所必救。我今直指襄平，則人懷内懼，懼而求戰，破之必矣。」遂整陳而過。賊見兵出其後，果來邀之，乃縱擊，大破之，竟平遼東。○陳皞曰：《左傳》楚伐宋，宋告急於晉。晉先軫曰：「我執曹君，而分曹衛之田以賜宋人，楚愛曹衛，必不許也。喜賂怒頑，能無戰乎？」遂破楚師。○孟氏註同曹操。○梅堯臣曰：趨其所顧，使不得止。○王皙同李筌註。○何氏曰：攻其所愛，豈能安視而不動哉？○張預曰：彼方安守，以爲自固之術，不欲速戰，則當攻其所必救，使不得已而須出，臾駢堅壁，秦伯挑其裨將，遂皆出戰是也。

出其所不趨，趨其所不意。

曹操曰：使敵不得相往而救之也。○何氏曰：令敵人須應我。

行千里而不勞者，行於無人之地也。

曹操曰：出空擊虛，避其所守，擊其不意。○李筌曰：出敵無備，從孤擊虛，何人之有？○杜牧曰：梁元帝時，西蜀稱帝，率兵東下，將攻元帝。西魏大將周文帝曰：「平蜀制梁，在茲一

舉。」諸將多有異同。文帝謂將軍尉遲迥曰：「伐蜀之事，一以委公。然計將安出？」迥曰：「蜀與中國隔絶百餘年矣，恃其山川險阻，不虞我師之至，宜以精甲鋭騎星夜奔襲之。平路則倍道兼行，險途則緩兵漸進。出其不意，衝其腹心，必向風不守。」竟以平蜀。言不勞者，空虚之地，無敵人之虞，行止在我，故不勞也。○陳皥曰：夫言空虚者，非止爲敵人不備也，但備之不嚴，守之不固，將弱兵亂，糧少勢孤，我整軍臨之，彼必望風自潰，是我不勞苦，如行無人之地。○梅堯臣曰：出所不意。○何氏曰：曹公北征烏桓，謀臣郭嘉曰：「兵貴神速，今千里襲人，輜重多，難以趨利。且彼聞之，得以爲備，不如留輜重，輕兵兼道以出，掩其不意。」公乃密出盧龍塞，直指單于庭。虜卒聞公至，惶怖合戰，大破之，斬蹋頓及名王已下。又，唐吐谷渾寇邊，以李靖爲西海道行軍大總管，輕途二千里，行空虚之地，平吐谷渾而還。故太宗曰：「且李靖三千輕騎，深入虜庭，克復定襄，古今未有也。」○張預曰：掩其空虚，攻其無備，雖千里之征，人不疲勞，若鄧艾伐蜀，由陰平之徑，行無人之地七百餘里是也。

攻而必取者，攻其所不守也；

李筌曰：無虞易取。○杜牧曰：警其東，擊其西；誘其前，襲其後。後漢張步都劇，使弟藍守西安，又令别將守臨淄，去臨淄四十里，耿弇引軍營其閒。弇視西安城小而堅，藍兵又精，臨淄名雖大，其實易攻。弇令軍吏治攻具，後五日攻西安，縱生口令歸。藍聞之，晨夜守城。至期，夜半，弇勒諸將蓐食，及明，至臨淄城下。護軍荀梁等争之，以爲宜速攻西安。弇曰：「西安聞吾欲攻，日夜爲備，臨淄出其不意，至必驚擾，吾攻之，一日必拔。拔臨淄，即西安勢孤，所謂擊一得兩。」盡如其策。後漢末，朱雋擊黄巾賊帥韓忠於宛。雋作長圍，起土山，以臨其城内，因鳴鼓攻其西南，賊悉衆赴之，雋自將精兵五千，掩其東北，乘城而入。忠乃退保小城，惶懼乞降。○陳皥曰：國家征上黨，王宰知劉稹恃天井之險，不爲固守之計。宰悉力攻奪而後守，稹失其險，終陷其巢穴也。○梅堯臣曰：言擊其南，實攻其北。○王晳曰：攻其虚也，謂將不能、兵不精、壘不堅、備不嚴、救不及、食不足、心不一爾。○張預曰：善攻者，動於九天之上，使敵人莫之能備；莫之能備，則吾之所攻者，乃敵之所不守也。耿弇之克臨淄，朱雋之討黄巾，但其一端耳。

莊子內篇

卷中　胠篋篇

守而必固者，守其所不攻也。

杜牧曰：不攻尚守，何況其所攻乎？漢太尉周亞夫擊七國於昌邑也，賊奔壁東南陬，亞夫使備其西北。俄而賊精卒攻西北，不得入，因遁走，追破之。○陳皞曰：無慮敵不攻，慮我不守。無所不攻，無所不守，乃用兵之計備也。○梅堯臣曰：賊擊我西，亦備乎東。○王皙曰：守以實也，謂將能、兵精、壘堅、備嚴、救及、食足、心一爾。○張預曰：善守者，藏於九地之下，使敵人莫之能測；莫之能測，則吾之所守者，乃敵之所不攻也。周亞夫擊東南而備西北，亦是其一端也。

故善攻者，敵不知其所守；善守者，敵不知其所攻。

曹操曰：情不泄也。○李筌曰：善攻者，器械多也，東魏高歡攻鄴是也。善守，謹備也，周韋孝寬守晉州是也。○杜牧曰：攻取備禦之情不泄也。○賈林曰：教令行，人心附，備守堅固，微隱無形，敵人猶豫，智無所措也。○梅堯臣曰：善攻者，機密不泄。善守者，周備不隙。○王皙曰：善攻者，待敵有可勝之隙，速而攻之，則使其不能守也。善守者，常爲不可勝，則使其不能攻也。云不知者，攻守之計不知所出耳。○何氏曰：言攻守之謀，令不可測。○張預曰：夫守則不足，攻則有餘。所謂不足者，非力弱也，蓋示敵以不足，則敵必來攻，此是敵不知其所攻也。所謂有餘者，非力彊也，蓋示敵以有餘，則敵必自守，此是敵不知其所守也。情不外泄，積乎攻守者也。

微乎微乎，至於無形；神乎神乎，至於無聲，故能爲敵之司命。

李筌曰：言二遁用兵之奇正，攻守微妙，不可形於言説也。微妙神乎，敵之死生，懸形於我，故曰「司命」。○杜牧曰：微者，静也。神者，動也。静者守，動者攻，敵之死生，悉懸於我，故如天之司命。○杜佑曰：言其微妙，所不可見也。言變化之形，倏忽若神，故能料敵死生，若天之司命也。○梅堯臣曰：無形則微密，不可得而窺。無聲則神速，不可得而知。○王皙曰：微密則難窺，神速則難應，故能制敵之命。○何氏曰：武論虛實之法，至於神微，而後見成功之極也。吾之實，使敵視之爲虛。吾之虛，使敵視之爲實。敵之實，吾能使之爲虛。敵之虛，吾能知其非實。蓋敵不識吾虛實，而吾能審敵之虛實也。吾欲攻敵也，知彼所守者爲

實，而所不守者爲虛，吾將避其堅而攻其脆，批其亢而擣其虛。敵欲攻我也，知彼所攻者爲不急，而所不攻者爲要。吾將示敵之虛，而鬬吾之實。彼示形在東，而吾設備於西。是故，吾之攻也，彼不知其所當守；吾之守也，敵不料其所當攻。攻守之變，出於虛實之法。或藏九地之下，以喻吾之守；或動九天之上，以比吾之攻。滅跡而不可見，韜聲而不可聞。若從地出天下，倏出間入，星耀鬼行，入乎無間之域，旋乎九泉之淵。微之微者，神之神者，至於天下之明目不能窺其形之微，天下之聰耳不能聽其聲之神。有形者至於無形，有聲者至於無聲。非無形也，敵人不能窺也。非無聲也，敵人不能聽也，虛實之變極也。善學兵者，通於虛實之變，遂可以入於神微之奧；不善者，案然尋微窮神，而泥其用兵之跡，不能泯其形聲，而至於聞見者，是不知神微之妙固在虛實之變也。三軍之衆，百萬之師，安得無形與聲哉？但敵人不能窺聽耳。○張預曰：攻守之術，微妙神密，至於無形之可覩，無聲之可聞，故敵人死生之命皆主於我也。

進而不可禦者，衝其虛也；退而不可追者，速而不可及也。

曹操曰：卒往進攻其虛懈，退又疾也。○李筌曰：進者，襲空虛懈怠；退者，必輜重在先，行遠而大軍始退，是以不可追。後趙王石勒兵在葛陂，苦雨，欲班師於鄴，懼晉人躡其後，用張賓計，令輜重先行，遠而不可及也。此筌以「速」字爲「遠」者也。○杜牧曰：既攻其虛，敵必敗；敗喪之後，安能追我？我故得以疾退也。○陳皥曰：杜説非也。曹公之圍張繡也，城未拔，力未屈而去之，繡兵出襲其後，賈詡止之，繡不聽，果被曹公所敗。繡謂詡曰：「公既能知其敗，必能知其勝。」詡曰：「復以敗卒襲之。」繡從之，曹公果敗，豈是敗喪之後不能追之哉？蓋言乘虛而進，敵不知所禦；逐利而退，敵不知所追也。○杜佑曰：衝突其虛空也。○梅堯臣曰：進乘其虛，則莫我禦；退因其弊，則莫我追。○何氏曰：兵進則衝虛，兵退則利速。我能制敵，而敵不能制我也。○張預曰：對壘相持之際，見彼之虛隙，則急進而擣之，敵豈能禦我也？獲利而退，則速還壁以自守，敵豈能追我也？兵之情主速，風來電往，敵不能制。

故我欲戰，敵雖高壘深溝，不得不與我戰者，攻其所必救也；

曹操、李筌曰：絶其糧道，守其歸路，攻其君主也。○杜牧曰：我爲主，敵爲客，則絶其糧食，守其歸路；若我爲客，敵爲主，則攻其君主，司馬宣王攻遼東，直指襄平是也。○梅堯臣曰：攻其要害。○王晳曰：曹公曰：「絶糧道，守歸路，攻君主也。」晳謂敵若堅守，但能攻其所必救，則與我戰矣，若耿弇欲攻巨里以致費邑亦是也。○何氏曰：如魏將司馬宣王征公孫文懿，汎舟潛濟遼水，作長圍，忽棄賊而向襄平。諸將言：「不攻賊，而作長圍，非所以示衆也。」宣王曰：「賊堅營高壘，欲以老吾兵也。古人言曰：敵雖高壘，不得不與我戰者，攻其所必救也。賊大衆在此，則窟穴虚矣。我直指襄平，必人懷内懼，懼而求戰，破之必矣。」遂整陳而過。賊見兵出其後，果邀之。宣王謂諸將曰：「所以不攻其營，正欲致此，不可失也。」乃縱兵逆擊，大破之。三戰皆捷。唐馬燧討田悦，時軍糧少，悦深壁不戰。燧令諸軍持十日糧，進次倉口，與悦夾洹水而軍。李抱真、李芃問曰：「糧少而深入，何也？」燧曰：「糧少，利速戰。兵法：善於致人，不致於人。今田悦與淄、青、兖三軍爲首尾，計欲不戰，以老我師。若分兵擊其左右，兵少未可必破，悦且來救，是前後受敵也。兵法所謂攻其必救，彼固當

戰也。燧爲諸軍合而破之。」燧乃造三橋，道逾洹水，日挑戰。悦不敢出。恒州兵以軍少，懼爲燧所并，引軍合於悦。悦與燧明日復挑戰，乃伏兵萬人，欲邀燧。燧乃引諸軍半夜皆食，先雞鳴時，擊鼓吹角，潛師傍洹水，徑赴魏州，令曰：「聞賊至，則止爲陳。」又令百騎吹鼓角，皆留於後，仍抱薪持火，待軍畢發，止鼓角，匿其旁，伺悦軍畢渡，焚其橋。軍行十數里，乃率淄、青、兖州步騎四萬餘人，踰橋掩其後，乘風縱火，鼓譟而進。燧乃坐甲，令無動，命前除草、斬荆棘，廣百步以爲陳。募勇力得五千餘人，分爲前列，以俟賊至。比悦軍至，則火止，氣乏，力少衰，乃縱兵擊之，悦軍大敗。悦走橋，橋已焚矣。悦軍亂，赴水，斬首二萬，淄、青軍殆盡。○張預曰：我爲客，彼爲主，我兵彊而食少，彼勢弱而糧多，則利在必戰。敵人雖有金城湯池之固，不得守其險，而必來與我戰者，在攻其所顧愛，使之相救援也。若楚人圍宋，晉將救之，狐偃曰：「楚始得曹，而新婚於衛，若伐曹衛，楚必救之，則宋免矣。」從之而解。又，晉宣帝討公孫文懿，忽棄賊而走襄平，討其巢穴，賊果出邀之，遂逆擊，三戰皆捷，亦其義也。

我不欲戰，畫地而守之，

曹操曰：軍不欲煩也。○李筌曰：拒境自守也。若入敵境，則用《天一遁甲》真人閉六戊之法，以刀畫地爲營也。○孟氏曰：以物畫地而守，喻其易也。蓋我能戾敵人之心，不敢至也。

敵不得與我戰者，乖其所之也。

曹操曰：乖，戾也。戾其道，示以利害，使敵疑也。○李筌曰：乖，異也。設奇異而疑之，是以敵不可得與我戰。漢上谷太守李廣縱馬卸(安)〔鞍〕疑也。○杜牧曰：言敵來攻我，我不與戰，設權變以疑之，使敵人疑惑不決，與初來之心乖戾，不敢與我戰也。曹公爭漢中地，蜀先主拒之。時將趙雲守別屯，將數十騎輕出，卒遇大軍。雲且鬭且却。公軍追至，圍雲。入營，使大開門，偃旗息鼓。曹公軍疑有伏，引去。諸葛武侯屯於陽平，使魏延諸將并兵東下，武侯惟留萬人守城。候白司馬宣王曰：「亮在城中，兵少力弱。」將士失色，亮時意氣自若，勑軍中悉臥旗息鼓，不得輒出，開四門，掃地却灑。宣王疑有伏，於是引去，趨北山。亮謂參佐曰：「司馬懿謂吾有設伏，循山走矣。」宣王後知，頗以爲恨。曹公與呂布相持，公軍出收麥，布領衆卒至。公營止有千人出陳，半隱於堤下，呂布遲疑不敢進，曰：「曹操多詐，勿入伏中。」遂引兵去。○陳皞曰：《左傳》楚令尹子元伐鄭，入自純門，至於逵市，懸門不發。子元曰：「鄭有人焉。」乃還。○賈林曰：置疑兵於敵惡之所，屯營於形勝之地，雖未修壘壍，敵人不敢來攻我也。○梅堯臣曰：畫地，喻易也。乖其道而示以利，使其疑而不敢進也。○王晳曰：畫地，言易，且明制之必有道也。○張預曰：我爲主，彼爲客。我糧多而卒寡，彼食少而兵衆，則利在不戰。雖不爲營壘之固，敵必不敢來與我戰者，示以疑形，乖其所往也。若楚人伐鄭，鄭懸門不發，効楚言而出，楚師不敢進而遁。又，司馬懿欲攻諸葛亮，亮偃旗臥鼓，開門却灑，懿疑有伏兵，遂引而去，亦其義也。

故形人而我無形，則我專而敵分。

杜佑曰：我專一而敵分散。○梅堯臣曰：他人有形，我形不見，故敵分兵以備我。○張預曰：吾之正，使敵視以爲奇，吾之奇，使敵視以爲正，形人者也。以奇爲正，以正爲奇，變化紛紜，使敵莫測，無形者也。敵形既見，我乃合衆以臨之，我形不彰，彼必分勢以防備。

我專爲一，敵分爲十，是以十攻其一也，

杜佑曰：我料見敵形，審其虛實，故所備者少，專爲一屯。以我之專擊彼之散卒，爲十共擊一也。○梅堯臣曰：離一爲十，我常以十分擊一分。

則我衆而敵寡，

杜佑曰：我專爲一，故衆。敵分爲十，故寡。○張預曰：見敵虛實，不勞多備，故專爲一屯。彼則不然，不見我形，故分爲十處。是以我之十分擊敵之一分也。故我不得不衆，敵不得不寡。

能以衆擊寡者，則吾之所與戰者，約矣。

杜牧曰：約，猶少也。我深壍高壘，滅跡韜聲，出入無形，攻取莫測，或以輕兵健馬衝其空虛，或以彊弩長弓奪其要害，觸左履右，突後驚前，晝日誤之以旌旗，暮夜惑之以火鼓，故敵人畏懾，分兵防虞。譬如登山瞰城，垂簾視外，敵人分張之勢，我則盡知，我之攻守之方，敵則不測，故我能專一，敵則分離。專一者力全，分離者力寡，以全擊寡，故能必勝也。○杜佑曰：言約少而易勝。○梅堯臣曰：以專擊分，則我所敵少也。○王晳曰：多爲之形，使敵備己，其實攻者則無形也，故我專敵分矣。專則衆，分則寡。十攻一者，大約言耳。○何氏同杜牧註。○張預曰：夫勢聚則彊，兵散則弱。以衆彊之勢擊寡弱之兵，則衆力少而成功多矣。

吾所與戰之地不可知，

杜佑曰：言舉動微密，情不可見，使彼知所出而不知吾所舉，知所舉而不知吾所集。○張預曰：無形勢故也。

不可知，則敵所備者多；

梅堯臣曰：敵不知，則處處爲備。

敵所備者多，則吾所與戰者寡矣。

曹操曰：形藏敵疑，則分離其衆備我也，言少而易擊也。○王晳曰：與敵必戰之地，不可使敵知之，知則并力得拒於我。曹公曰：「形藏則敵疑。」○張預曰：不能測吾車果何出，騎果何來，徒果何從，故分離其衆，所在輒爲備，遂致衆散而弱，勢分而衰，是以吾所與接戰之處，以大衆臨孤軍也。

故備前則後寡，備後則前寡；備左則右寡，備右則左寡。無所不備，則無所不寡。

杜佑曰：言敵之所備者多，則士卒無不分散而少。○梅堯臣曰：所備皆寡也。

寡者，備人者也。衆者，使人備己者也。

曹操曰：上所謂形藏敵疑，則分離其衆以備我也。○李筌曰：陳兵之地，不可令敵人知之，彼疑，則謂衆離而備我也。○杜牧曰：所戰之地，不可令敵人知之。我形不泄，則左右、前後、遠近、險易，敵人不知，亦不知我何處來攻，何地會戰，故分兵徹衛，處處防備。形藏者衆，分多者寡。故衆者必勝也，寡者必敗也。○孟氏曰：備人則我散，備我則彼分。○杜佑曰：敵分散而少者，皆先備人也。敵所以備己多者，由我專而衆故也。○梅堯臣曰：使敵愈備則愈寡也。○王晳曰：左右前後俱備，則俱寡。○何氏同諸註。○張預曰：左右前後無處不爲備，則無處不兵寡也。所以寡者，爲兵分而廣備於人也。所以衆者，爲勢專而使人備己也。

故知戰之地，知戰之日，則可千里而會戰。

曹操曰：以度量知空虛會戰之日。○李筌曰：知戰之地，則舟車步騎之所便也。魏武以北土未安，捨鞍馬，仗舟楫，與吳越爭彊，是以有黃蓋之敗。吳王濞驅吳楚之衆，奔馳於梁鄭之間，此不知戰地日者。故《太一遁甲》曰：「計法三門五將，主客成敗則可知也，於是千里會戰而勝。」○杜牧曰：宋武帝使朱齡石伐譙縱於蜀，宋武曰：「往年，劉敬宣出內水向黃武，無功而退。賊謂我今應從外水來，而料我當出其不意，猶從內水來也。如此，必以重兵守涪城，以備內道，若向黃武，正墮其計。今以大衆自外取成都，疑兵向內水，此則制敵之奇也。」而慮此聲先馳，賊知虛實，別有函書，全封付齡石。函邊書曰：「至白帝乃開。」諸軍未知處分所由。至白帝，發書曰：「衆軍悉從外水取成都，臧熹、朱林於中水取廣漢，使羸弱乘高艦十餘，由內水向黃武。」譙縱果以重兵備內水，齡石滅之。○陳皥曰：杜註止言知戰之地，未敘知戰之日。我若伐敵，至期不得與我戰，敵來侵我，我必預備以應之。項羽謂曹咎曰：「我十五日必定梁地，復與將軍會。」苟不知必戰之日，安能爲約？○孟氏曰：以度量知空虛，先知戰地之形，又審必戰之日，則可千里期會，先往以待之。若敵已先至，可不往以勞之。

○杜佑曰：夫善戰者，必知戰之日，知戰之地。度道設期，分軍雜卒，遠者先進，近者後發，千里之會，同時而合，若會都市。其會地之日，無令敵知，知之則所備處少，不知則所備處多。備寡則專，備多則分。分則力散，專則力全。○梅堯臣曰：若能度必戰之地，必戰之日，雖千里之遠，可剋期而與戰。○王晳曰：必先知地利敵情，然後以兵法之度量，計其遠近，知其空虛，審敵趣應之所及戰期也，如是，則雖千里可會戰而破敵矣。故曹公曰「以度量知虛空會戰之日」者是也。○張預曰：凡舉兵伐敵，所戰之地，必先知之。師至之日，能使敵人如期而來，以與我戰。知戰地日，則所備者專，所守者固，雖千里之遠可以赴戰。若蹇叔知晉人禦師必於殽，是知戰地也；陳湯料烏孫圍兵五日必解，是知戰日也。又若孫臏要龐涓於馬陵，度日暮必至是也。

不知戰地，不知戰日，則左不能救右，右不能救左，前不能救後，後不能救前，而況遠者數十里、近者數里乎？

杜牧曰：管子曰：「計未定而出兵，則戰而自毁也。」○杜佑曰：敵已先據形勢之地，已方趣

利欲戰，則左右前後疑惑進退，不能相救，況數十里之閒也？○梅堯臣曰：不能救者，寡也。左右前後尚不能救，況遠乎？○張預曰：不知敵人何地會兵，何日接戰，則所備者不專，所守者不固；忽遇勍敵，則倉遽而與之戰，左右前後猶不能相援，又況首尾相去之遼乎？

以吾度之，越人之兵雖多，亦奚益於勝敗哉？

曹操曰：越人相聚，紛然無知也。或曰：吴越，讎國也。○李筌曰：越，過也。不知戰地及戰日，兵雖過人，安能知其勝敗乎？○陳皞曰：孫子爲吴王闔閭論兵，吴與越讎，故言越；謂過人之兵，非義也。○賈林曰：不知戰地，不知戰日，士衆雖多，不能制勝敗之政，亦何益也？○梅堯臣曰：吴越，敵國也。言越人雖多，亦當爲我分之而寡也。○王晳曰：此武相時料敵也。言越兵雖多，苟不善相救，亦無益於勝敗之數。○張預曰：「吾」字作「吴」，字之誤也。吴、越鄰國，數相侵伐，故下文云「吴人與越人相惡也」。言越國之兵雖曰衆多，但不知戰地、戰日，當分其勢而弱也。

故曰：勝可爲也，

杜牧曰：爲勝在我，故言可爲也。○孟氏曰：若使敵不知戰地、期日，我之必勝可常有也。○梅堯臣同杜牧註。○王晳、何氏同孟氏註。○張預曰：爲勝在我故也。《形篇》云「勝可知而不可爲」，今言「勝可爲」者何也？蓋《形篇》論攻守之勢，言敵若有備，則不可必爲也，今則主以越兵而言，度越人必不能知所戰之地日，故云「可爲」也。

敵雖衆，可使無鬬。

杜牧曰：以下四事度量之，敵兵雖衆，使其不能與我鬬勝也。○孟氏曰：敵雖多兵，我能多設變詐，分其形勢，使不能併力也。○賈林曰：敵雖衆多，不知己之兵情，常使急自備，不暇謀鬬。○梅堯臣曰：苟能寡，何有鬬？○王晳曰：多益不救，奚所恃而鬬？○張預曰：分散其勢，不得齊力同進，則焉能與我爭？

故策之而知得失之計，

李筌曰：用兵者，取勝之法，可制《太一遁甲》「五將」之計，以定關格掩迫之數，得失可知也。○孟氏曰：策度敵情，觀其施爲，則計數可知。○賈林曰：樽俎帷幄之間，以策籌之，我得彼失之計皆先知也。○杜佑曰：策度敵情，觀其所施，計數可知。○梅堯臣曰：彼得失之計，我以筭策而知。○王晳曰：策其敵情，以見得失之數。○張預曰：籌策敵情，知其計之得失，若薛公料黥布之三計是也。

作之而知動靜之理，

李筌曰：候望雲氣、風鳥、人情，則動靜可知也。王莽時，王尋征昆陽，有雲氣如壞山，當營而墜，去地數丈，而光武知其必敗。梁王僧辯營上有如堤之氣，侯景知其必勝。風鳥，貪犲之類也。此筌以「作」字爲「候」字者也。○杜牧曰：作，激作也。言激作敵人，使其應我，然後觀其動靜理亂之形也。魏武侯曰：「兩軍相當，不知其將，如何？」吳起曰：「令賤勇者將鋭而擊，交合而北，北而勿罰，觀敵進退，一坐一起，其政以理，奔北不追，見利不取，此將有謀。若其悉衆追北，旗幡雜亂，行止縱横，貪利務得，若此之類，將令不行，擊而勿疑。」○陳皡曰：作，爲也。爲之利害，使敵赴之，則知進退之理也。○賈林曰：善覘候者，必知其動靜之理。○杜佑曰：喜怒動作，察其舉止，則情理可得，故知動靜權變，爲其勝負也。○梅堯臣

曰：彼動静之理，因我所發而見。○王晳曰：候其理當動以否。○張預曰：發作久之，觀其喜怒，則動静之理可得而知也。若晉文公拘宛春，以怒楚將子玉，子玉遂乘晉軍，是其躁動也。諸葛亮遺巾幗婦人之飾，以怒司馬宣王，宣王終不出戰，此是其安静也。

形之而知死生之地，

李筌曰：夫破陳設奇，或偃旗鼓，形之以弱；或虛列竈火旛幟，形之以彊。投之以死，致之以生，是以死生因地而成也。韓信下井陘，劉裕過大峴，則其義也。○杜牧曰：死生之地，蓋戰地也。投之死地必生，置之生地必死。言我多方誤撓敵人，以觀其應我之形，然後隨而制之，則死生之地可知也。○陳皞曰：敵人既有動静，則我得見其形。有謀者，所處之地必生；無謀者，所投之地必死也。○孟氏曰：形相敵情，觀其所據，則地形勢生死可得而知。○賈林曰：見所理兵形，則可知其死所。○梅堯臣曰：彼生死之地，我因形見而識。○何氏同杜牧註。○張預曰：形之以弱，則彼必進；形之以彊，則彼必退。因其進退之際，則知彼所據之地死與生也，上文云「善動敵者，形之，敵必從之」是也。死地，謂傾覆之地。生地，謂便利之地。

角之而知有餘不足之處。

曹操曰：角，量也。○李筌曰：角，量也。量其力精勇，則虛實可知也。○杜牧曰：角，量也。言以我之有餘角量敵人之有餘，以我之不足角量敵人之不足。管子曰：「善攻者，料衆以攻衆，料食以攻食，食不存不攻，備不存不攻。」司馬宣王伐遼東，司馬陳珪曰：「昔攻上庸，八部並進，晝夜不息，故能一旬之半，拔堅城，斬孟達；今者遠來，而更安緩，愚切惑焉。」王曰：「孟達衆少，而食支一年，吾將四倍於達，而糧不淹一月，以一月圖一年，安可不速？以四擊一，正命半解，猶當爲之，是以不計死傷，與糧競也。今賊衆我寡，賊飢我飽，雨水乃爾，功力不設，賊糧垂盡，當示無能以安之。」既而雨止，晝夜攻之，竟平遼東。○梅堯臣曰：彼有餘不足之處，我以角量而審。○王晳曰：角，謂相角也。角彼我之力，則知有餘不足之處，然後可以謀攻守之利也。此而上亦所以量敵知戰。○張預曰：有餘，彊也。不足，弱也。角量敵形，知彼彊弱之所。唐太宗曰：「凡臨陳，常以吾彊對敵弱，常以吾弱對敵彊。」苟非

說苑卷十　敬慎

[illegible]

角量，安得知之？

故形兵之極，至於無形；無形，則深間不能窺，智者不能謀。

李筌曰：形敵之妙，入於無形。間不可窺，智不可謀，是謂形也。○杜牧曰：此言用兵之道，至於臻極，不過於無形。無形，則雖有間者深來窺我，不能知我之虛實。彊弱不泄於外，雖有智能之士，亦不能謀我也。○梅堯臣曰：兵本有形，虛實不露，是以無形，此極致也。雖使間者以情釣，智者以謀料，可得乎？○王皙曰：制兵形於無形，是謂極致，孰能窺而謀之哉？○何氏曰：行列在外，機變在內，因形制變，人難窺測，可謂神微。○張預曰：始以虛實形敵，敵不能測，故其極致，卒歸於無形。既無形可覩，無迹可求，則間者不能窺其隙，智者無以運其計。

因形而錯勝於衆，衆不能知。

曹操曰：因敵形而立勝。○李筌曰：錯，置也。設形險之勢，因士卒之勇，而取勝焉。軍事尚密，非衆人之所知也。○杜牧曰：窺形可置勝敗，非智者不能，固非衆人所能得知也。

○梅堯臣曰：衆知我能置勝矣，不知因敵之形。○何氏曰：因敵置勝，衆不能知。○張預曰：因敵變動之形以置勝，非衆人所能知。

人皆知我所以勝之形，而莫知吾所以制勝之形。

曹操曰：不以一形之勝萬形。或曰：不備知也。制勝者，人皆知吾所以勝，莫知吾因敵形制勝也。○李筌曰：戰勝，人知之。制勝之法幽密，人莫知。○杜牧曰：言已勝之後，但知我制敵人，使有敗形，本自於我，然後我能勝之也。上文云「近而示之遠，遠而示之近，利而誘之，亂而取之，實而備之，彊而避之，怒而撓之，卑而驕之，佚而勞之，親而離之」，斯皆制勝之道，人莫知之也。○陳皥曰：人但知我勝敵之善，不能知我因敵之敗形。○梅堯臣曰：知得勝之跡，而不知作勝之象。○王皙曰：若韓信背水拔幟是也。人但見水上軍殊死戰，不可敗；及趙軍驚亂遁走，不知吾能制使之然者以何道也。○張預曰：立勝之迹，人皆知之，但莫測吾因敵形而制此勝也。

故其戰勝不復，而應形於無窮。

曹操曰：不重復動而應之也。○李筌曰：不復前謀以取勝，隨宜制變也。○杜牧曰：敵每有形，我則始能隨而應之以取勝。○杜佑曰：死官也。○賈林曰：應敵形而制勝，乃無窮。○梅堯臣曰：不執故態，應形有機。○王皙曰：夫制勝之理惟一，而所勝之形無窮也。○何氏曰：已勝之分，不再用也。敵來斯應，不循前法，故不窮。○張預曰：已勝之後，不復更用前謀，但隨敵之形而應之，出奇無窮也。

夫兵形象水，

孟氏曰：兵之形勢如水流，遲速之勢無常也。

水之形，避高而趨下；

梅堯臣曰：性也。

兵之形，避實而擊虛。

梅堯臣曰：利也。○張預曰：水趨下則順，兵擊虛則利。

水因地而制流，

杜牧曰：因地之下。○梅堯臣曰：順高下也。○張預曰：方圓斜直，因地而成形。

兵因敵而制勝。

李筌曰：不因敵之勢，吾何以制哉？夫輕兵不能持久，守之必敗，重兵挑之必出。怒兵辱之，彊兵緩之，將驕宜卑之，將貪宜利之，將疑宜反間之，故因敵而制勝。○杜牧曰：因敵之虛也。○賈林曰：見敵盛衰之形，我得因而立勝。○杜佑曰：言水因地之傾側而制其流，兵因敵之虧闕而取其勝者也。○梅堯臣曰：隨虛實也。○王皙曰：謂隄防疏導之也。○何氏曰：因敵彊弱而成功。○張預曰：虛實彊弱，隨敵而取勝。

故兵無常勢，

梅堯臣曰：應敵爲勢。○張預曰：敵有變動，故無常勢。

水無常形，

梅堯臣曰：因地爲形。○孟氏曰：兵有變化，地有方圓。○張預曰：地有高下，故無常形。

能因敵變化而取勝者，謂之神。

曹操曰：勢盛必衰，形露必敗，故能因敵變化，取勝若神。○李筌曰：能知此道，謂之神兵也。○杜牧曰：兵之勢，因敵乃見，勢不在我，故無常勢。如水之形，因地乃有，形不在水，故無常形。水因地之下，則可漂石；兵因敵之應，則可變化如神者也。○梅堯臣曰：隨而變化，微不可測。○王晳曰：兵有常理而無常勢，水有常性而無常形。兵有常理者，擊虛是也；無常勢者，因敵以應之也。水有常性者，就下是也；無常形者，因地以制之也。夫兵勢有變，則雖敗卒，尚復可使擊勝兵，況精鋭乎？○何氏曰：行權應變在智略，智略不可測，則神妙者也。○張預曰：兵勢已定，能因敵變動，應而勝之，其妙如神。

故五行無常勝，

杜佑曰：五行更王。○王晳曰：迭相克也。

四時無常位，

杜佑曰：四時迭用。○王晳曰：迭相代也。

日有短長，月有死生。

曹操曰：兵無常勢，盈縮隨敵。○李筌曰：五行者，休囚王相遞相勝也。四時者，寒暑往來無常定也。日月者，周天三百六十五度四分度之一。百刻者，春秋二分，則日夜均；夏至之日，晝六十刻，夜四十刻，冬至之日，晝四十刻，夜六十刻，長短不均也。月初爲朔，八日爲上弦，十五日爲望，二十四日爲下弦，三十日爲晦，則死生義也。孫子以爲五行、四時、日月盈縮無常，況於兵之形變，安常定也？○梅堯臣曰：皆所以象兵之隨敵也。○王晳曰：皆喻兵之變化非一道也。○張預曰：言五行之休王，四時之代謝，日月之盈昃，皆如兵勢之無定也。

軍争篇

曹操曰：兩軍争勝。○李筌曰：争者，趨利也。虛實定，乃可與人争利。○王晳曰：争者，争利，得利則勝。宜先審輕重，計迂直，不可使敵乘我勞也。○張預曰：以「軍争」爲名者，謂兩軍相對而争利也。先知彼我之虛實，然後能與人争勝，故次《虛實》。

孫子曰：凡用兵之法：將受命於君，

李筌曰：受君命也。遵廟勝之筭，恭行天罰。○張預曰：受君命，伐叛逆。

合軍聚衆，

曹操曰：聚國人，結行伍，選部曲，起營爲軍陳。○梅堯臣曰：聚國之衆，合以爲軍。○王晳曰：大國三軍，揔三萬七千五百人，若悉舉其賦，則揔七萬五千人。此所謂「合軍聚衆」。○張預曰：合國人以爲軍，聚兵衆以爲陳。

交和而舍，

曹操曰：軍門爲和門，左右門爲旗門，以車爲營曰轅門，以人爲營曰人門，兩軍相對爲交和。○李筌曰：交間和雜也。合軍之後，彊弱、勇怯、長短、向背，間雜而仵之，力相兼，後合諸營壘，與敵争之。○杜牧曰：《周禮》「以旌爲左右和門」，鄭司農曰：「軍門曰和，今謂之壘門，立兩旌旗表之，以敘和出入，明次第也。」交者，言與敵人對壘而舍，和門相交對也。○賈林曰：舍，止也。士衆交雜和合，而止於軍中，趨利而動。○梅堯臣曰：軍門爲和門，兩軍交對而舍也。○何氏曰：和門相望，將合戰争利，兵家難事也。○張預曰：軍門爲和門。言與敵對壘而舍，其門相交對也。或曰：與上下交相和睦，然後可以出兵爲營舍。故吴子曰：

「不和於國，不可以出軍。不和於軍，不可以出陳。」

莫難於軍争。

曹操曰：從始受命，至於交和，軍争難也。○杜牧曰：於争利害難也。○梅堯臣曰：自受命至此，爲最難。○張預曰：與人相對而争利，天下之至難也。

軍争之難者，以迂爲直，以患爲利。

曹操曰：示以遠，速其道里，先敵至也。○杜牧曰：言欲争奪，先以迂遠爲近，以患爲利，誑紿敵人，使其慢易，然後急趨也。○陳皥曰：言合軍聚衆，交和而舍，皆有舊制，惟軍争最難也。苟不知以迂爲直，以患爲利者，即不能與敵争也。○賈林曰：全軍而行，争於便利之地，而先據之，若不得其地，則輸敵之勝，最其難也。○杜佑曰：敵途本迂，患在道遠，則先處形勢之地，故曰「以患爲利」。○梅堯臣曰：能變迂爲近，轉患爲利，難也。○王晳曰：曹公曰：「示以遠，速其道里，先敵至。」晳謂示以遠者，使其不虞而行，或奇兵從間道出也。○何氏曰：謂所征之國，路由山險，迂曲而遠，將欲争利，則當分兵出奇，隨逐鄉導，由直路乘其不

備，急擊之，雖有陷險之患，得利亦速也。如鍾會伐蜀，而鄧艾出奇，先至蜀，蜀無備而降。故下云「不得鄉導，不能得地利」是也。○張預曰：變迂曲爲近直，轉患害爲便利，此軍爭之難也。

故迂其途，而誘之以利，後人發，先人至，此知迂直之計者也。

曹操曰：迂其途者，示之遠也。後人發、先人至者，明於度數，先知遠近之計也。○李筌曰：故迂其途，示不速進，後人發，先人至也。用兵若此，以患爲利者。○杜牧曰：上解曰以迂爲直，是示敵人以迂遠，敵意已怠，復誘敵以利，使敵心不專，然後倍道兼行，出其不意，故能後發先至，而得所爭之要害也。秦伐韓，軍於閼與，趙王令趙奢往救之，去邯鄲三十里，而令軍中曰：「有以軍事諫者死。」秦軍武安西。秦軍鼓譟勒兵，武安屋瓦皆震。軍中候有一人言急救武安，奢立斬之。堅壁留二十八日不行，復益增壘。秦間來，奢善食而遣之。間以報秦，秦將大喜，曰：「夫去國三十里而軍不行，乃增壘，閼與非趙地也。」奢既遣秦間，乃卷甲而趨，二日一夜至，令善射者去閼與五十里而軍。秦人聞之，悉甲而至。有一卒曰：「先據北山者勝。」奢使萬人據之，秦人來爭不得。奢因縱擊，大破之，閼與遂得解。○賈林曰：敵途本近，我能迂之者，或以羸兵，或以小利，於他道誘之，使不得以軍爭赴也。○梅堯臣曰：遠其途，誘以利，款之也。後其發，先其至，爭之也。能知此者，變迂轉害之謀也。○何氏曰：迂途者，當行之途也。以分兵出奇，則當行之途，示以迂險，設勢以誘敵，令得小利縻之，則出奇之兵，雖後發亦先至也。言爭利，須料迂直之勢出奇，故下云「分合爲變」，「其疾如風」是也。○張預曰：形勢之地，爭得則勝。凡欲近爭便地，先引兵遠去，復以小利啗敵，使彼不意我進，又貪我利，故我得以後發而先至，此所謂「以迂爲直，以患爲利」也，趙奢據北山而敗秦軍，郭淮屯北原而走諸葛是也。能後發先至者，明於度數，知以迂爲直之謀者也。

故軍爭爲利，軍爭爲危。

曹操曰：善者則以利，不善者則以危。○李筌曰：夫軍者，將善則利，不善則危。○杜牧曰：善者，計度審也。○賈林曰：我軍先至，得其便利之地，則爲利。彼敵先據其地，我三軍之衆馳往爭之，則敵佚我勞，危之道也。○梅堯臣曰：軍爭之事，有利也，有危也。又一本作

孫子兵法

卷中　軍爭篇

三

舉軍而爭利，則不及。
曹操曰：遲不及也。○李筌曰：輜重在後。○賈林曰：行軍甚緩，必離其後，難趨之勢。直
思不及。○王晳曰：以輜重投。○陳皞曰：委軍而前，則行緩而不捷及利。
杜佑曰：疲不及也。舉軍悉行，爭趨其利，則輜重稽遲不及敵。○梅堯臣曰：舉軍中私裝而行。
委軍而爭利，則輜重捐。
曹操曰：遲不及也。○李筌曰：委棄輜重，則軍資闕也。○杜牧曰：舉一軍之物
置輜重，則恐前棄也。○李筌曰：委棄輜重，則軍資闕也。○杜牧曰：舉一軍之物
委軍而爭利，則輜重捐。
思不及。○王晳曰：以輜重投。○陳皞曰：委軍而前，則行緩而不捷及利。
杜佑曰：委置輜重，輕軍而往，若遇乘險而來，故棄其後，則已輜重皆棄。○賈林曰：悉
棄前。○梅堯臣曰：委軍中私裝而行，則患輜重棄。○王晳同曹操註。○何氏同杜佑註。

是故卷甲而趨，日夜不處，
曹操曰：不得休息，罷也。

倍道兼行，百里而爭利，則擒三將軍，
曹操曰：百里而爭利，非也。三將軍皆以為擒。○李筌曰：一日行一百二十里，則為敵所擒。
勁者先，疲者後，其法十一而至。
○曹操曰：道近者至，道遠者不至，故十人一人至。

五十里而爭利，則蹶上將軍，其法半至。
曹操曰：蹶，猶挫也。○李筌曰：五十里而爭利，則蹶上將軍，其法半至。

三十里而爭利，則三分之二至。

是故軍無輜重則亡，無糧食則亡，無委積則亡。

故不知諸侯之謀者，不能豫交；不知山林、險阻、沮澤之形者，不能行軍；不用鄉導者，不能得地利。
〔軍爭為利，軍爭為危。〕○何氏曰：思又當出軍行程，離三軍之樂，與敵人爭利益，四爭一日

也。凡軍一日行三十里爲一舍，倍道兼行者，再舍，晝夜不息，乃得百里。若如此争利，衆疲倦，則三將軍皆須爲敵所擒。其法什一而至者，不得已必須争利，凡十人中擇一人最勁者先往，其餘者則令繼後而往。萬人中先擇(十)〔千〕人，平旦先至，其餘繼至，有巳午時至者，有申未時至者，各得不竭其力，相續而至，與先往者足得聲響相接。凡争利，必是争奪要害，雖千人守之，亦足以拒抗敵人，以待繼至者。太宗以三千五百騎先據武牢，竇建德十八萬衆而不能前，此可知也。○陳皞曰：杜説別是用兵一途，非「什一而至」之義也。蓋言百里争利，勁者先，疲者後，十中得一而至，九皆疲困，一則勁者也。○賈林曰：路遠人疲，奔馳力盡，如此則我勞敵佚，被擊何疑？百里争利，慎勿爲也。○杜佑曰：百里争利，非也，三將軍皆爲擒也。彊弱不(伏)〔復〕相待，率十有一人至軍也。罷音疲。○梅堯臣曰：軍日行三十里而舍，今乃晝夜不休，行百里，故三將軍爲其擒也。何則？涉途既遠，勁者少，罷者多，十中得一至耳。三將軍者，三軍之師也。○王晳曰：罷，羸也。此言争利之道宜近不宜遠耳。夫衝風之衰，不能起毛羽；彊弩之末，不能穿魯縞。苟日夜兼行，百里趨利，縱使一分勁者能至，固已困乏矣，即敵人以佚擊我之勞，自當不戰而敗。故司馬宣王曰：「吾倍道兼行，此曉兵者之所忌也。」或曰：趙奢亦卷甲而趨，二日一夜卒勝秦者何也？曰：奢久并氣積力，增壘遣閒，示怯以驕之，使秦不意其至，兵又堅，奢又去閼與五十里而軍，比秦聞之，及發兵至，非二三日不能也。能來，是彼有五十里趨敵之勞，而我固已二三日休息，士卒不勝其佚；且又投之險難，先據高陽，奇正相因，曷爲不勝哉？○何氏曰：言三將出奇求利，委軍衆輜重，卷甲務速；若晝夜百里不息，則勁者能十至其一。我勞敵佚，敵衆我寡，擊之未必勝也，敗則三將俱擒。以此見武之深戒也。○張預曰：卷甲，猶悉甲也。悉甲而進，謂輕重俱行也。凡軍日行三十里則止，過六十里已上爲倍道，晝夜不息爲兼行。言百里之遠，與人争利，輕兵在前，輜重在後，人罷馬倦，渴者不得飲，飢者不得食，忽遇敵，則以勞對佚，以飢敵飽，又復首尾不相及，故三軍之師必皆爲敵所擒，若晉人獲秦三帥是也。輕兵之中，十人得一人勁捷者先至，下九人悉疲困而在後，況重兵乎？何以知輕重俱行？下文云「五十里而争利，則半至」，若止是輕兵，則一日行五十里不爲遠也，焉有半至之理？是必重兵偕行也。

五十里而争利，則蹷上將軍，其法半至。

曹操曰：蹷，猶挫也。○李筌曰：百里則十人一人至，五十里十人五人至，挫軍之威，不至擒也。言道近不至疲。○杜牧曰：半至者，凡十人中擇五人勁者先往也。○賈林曰：上，猶先也。○杜佑曰：蹷，猶挫也。前軍之將，已爲敵所蹷敗。○梅堯臣曰：十中得五，猶遠不能勝。○王晳曰：罷勞之患，減於太半，止挫敗而已。○張預曰：路不甚遠，十中五至，猶挫軍威，況百里乎？蹷上將，謂前軍先行也。或問曰：唐太宗征宋金剛，一日一夜行二百餘里，亦能克勝者何也？答曰：此形同而勢異也。且金剛既敗，衆心已沮，迫而滅之，則河東立平。若其緩之，賊必生計，此太宗所以不計疲頓而力逐也。孫子所陳争利之法，蓋與此異矣。

三十里而争利，則三分之二至。

曹操曰：道近，至者多，故無死敗也。○李筌曰：近不疲也，故無死亡。○杜牧曰：三十里内，凡十人中可以六七人先往也。不言「其法」者，舉上文可知也。○杜佑曰：道近，則至者多，故不言死敗，勝負未可知也。古者用師，日行三十里，步騎相須，今(徒)〔走〕而趨利，三分之二至。○梅堯臣曰：道近至多，庶或有勝。○王晳曰：計彼我之勢，宜須争者，或亦當然。雖三分二至，蓋其精鋭者之力未至勞乏，不可決以爲敗，故不云「其法」也。○張預曰：路近不疲，至者太半，不失行列之政，不絶人馬之力，庶幾可以争勝。上三事皆謂舉軍而争利也。

是故軍無輜重則亡，無糧食則亡，無委積則亡。

曹操曰：無此三者，亡之道也。○李筌曰：無輜重者，闕所供也。袁紹有十萬之衆，魏武用荀攸計，焚燒紹輜重，而敗紹於官渡。無糧食者，雖有金城，不重於食也。夫子曰：「足食、足兵，民信之矣。」故漢赤眉百萬衆無食，而君臣面縛宜陽。是以善用兵者，先耕而後戰。無委積者，財乏闕也。漢高祖無關中，光武無河内，魏武無兖州，軍北身遁，豈能復振也？○杜牧曰：輜重者，器械及軍士衣裝。委積者，財貨也。○陳皞曰：此説委軍争利之難也。○梅堯臣曰：三者不可無，是不可委軍而争利也。○王晳曰：委積，謂薪芻蔬材之屬。軍恃此三者以濟，不可輕離也。○張預曰：無輜重，則器用不供；無糧食，則軍餉不足；無委積，則財貨不充，皆亡覆之道。此三者謂委軍而争利也。

故不知諸侯之謀者，不能豫交；

曹操曰：不知敵情謀者，不能結交也。○李筌曰：豫，備也。知敵之情，必備其交矣。○杜牧曰：非也。豫，先也。交，交兵也。言諸侯之謀先須知之，然後可交兵合戰，若不知其謀，固不可與交兵也。○陳皥曰：曹説以爲不先知敵人之作謀，即不能預結外援。二説並通。○梅堯臣曰：不知敵國之謀，則不能預交鄰國以爲援助也。○張預曰：先知諸侯之實情，然後可與結交；不知其謀，則恐翻覆爲患。其鄰國爲援，亦軍争之事，故下文云「先至而得天下之衆者，爲衢地」是也。

不知山林、險阻、沮澤之形者，不能行軍；

曹操曰：高而崇者爲山，衆樹所聚者爲林，坑壍者爲險，一高一下者爲阻，水草漸洳者爲沮，衆水所歸而不流者爲澤。不先知軍之所據及山川之形者，則不能行師也。○梅堯臣曰：山林險阻之形，沮澤濘淖之所，必先審知。○張預曰：高而崇者爲山，衆木聚者爲林，坑坎者爲險，一高一下者爲阻，水草漸洳者爲沮，衆水所歸而不流者爲澤。凡此地形，悉能知之，然後

可與人争利而行軍。

不用鄉導者，不能得地利。

李筌曰：入敵境，恐山川隘狹，地土泥濘，井泉不利，使人導之以得地利。《易》曰「即鹿無虞」，則其義也。○杜牧曰：管子曰：「凡兵主者，必先審知地圖。轘轅之險，濫車之水，名山通谷，經川陵陸丘阜之所在，苴草林木蒲葦之所茂，道里之遠近，城郭之大小，名邑廢邑園殖之地，必盡知之，地形出入之相錯者盡藏之，然後不失地利。」衛公李靖曰：「凡是賊徒，好相掩襲，須擇勇敢之夫，選明察之士，兼使鄉導，潛歷山林，密其聲，晦其跡。或刻爲獸足，而却履於中途；或上冠微禽，而幽伏於叢薄。然後傾耳以遠聽，竦目而深視，專智以度事機，注心而視氣色。覘水痕，則知敵濟之早晚。觀樹動，則可辨來寇之驅馳。故烽火莫若謹而審，旌旗莫若齊而一。賞罰必重而不欺，刑戮必嚴而不捨。敵之動静，而我有備也。敵之機謀，而我先知也。」○陳皥曰：凡此地利，非用鄉人爲導引，則不能知地利也。○杜佑曰：不任彼鄉人而導軍者，則不能得道路之便利也。○梅堯臣曰：凡丘陵原衍之向背，城邑道路之

迂直，非人引導不能得也。○何氏曰：《鄉導略》曰：從禽者，若無山虞之官，度其形勢之可否，則徒入於林中，終不能獲鹿矣。出征者，若無彼鄉之人導其道路之迂直，則雖至於境外，終不能獲寇矣。夫以奉辭致討，趨未歷之地，聲教未通，音驛所絕，深入其阻，不亦艱哉！我孤軍以往，彼密嚴而待，客主之勢已相遠矣，況其專任詭譎，多方以誤我。苟不計而直進，冒危而長驅，躋險則有壅決之害，晝行則有暴來之鬬，夜止則有虛驚之憂。倉卒無備，落其彀中，是乃擁熊虎之師，自投於死地，又安能摩逆壘、蕩狡穴乎？故敵國之山川，陵陸、丘阜之可以設險者，林木、蒲葦、茂草之可以隱藏者，道里之遠近，城郭之小大，邑落之寬狹，田壤之肥瘠，溝渠之深淺，蓄積之豐約，卒乘之衆寡，器械之堅脆，必能盡知之，則虜在目中，不足擒也。昔張騫嘗使大夏，留匈奴中久，導軍知利，善水草處，其軍得以無飢渴，玆亦能獲其便利也。凡用鄉導，或軍行虜獲其人，須防賊謀，陰持姦計，爲其誘誤。必在鑒其色，察其情，參驗數人之言，始終如一，乃可爲準。厚其頒賞，使之懷恩；豐其室家，使之係心。即爲吾人，當無飜覆，然不如素畜堪用者，但能諳練行途，不必土人，亦可任也。仍選腹心智勇之士，挾而偕往，

則巨細必審，指蹤無失矣。○張預曰：山川之夷險，道路之迂直，必用鄉人引而導之，乃可知其所利而争勝，吴伐魯，鄫人導之以克武城是也。

故兵以詐立，

杜牧曰：詐敵人，使不知我本情，然後能立勝也。○梅堯臣曰：非詭道，不能立事。○王皙曰：謂以迂爲直，以患爲利也。○何氏曰：張形勢以誤敵也。○張預曰：以變詐爲本，使敵不知吾奇正所在，則我可爲立。

以利動，

杜牧曰：利者，見利始動也。○梅堯臣曰：非利不可動。○王皙曰：誘之也。○何氏曰：量敵可擊則擊。○張預曰：見利乃動，不妄發也。《傳》曰：「三軍以利動。」

以分合爲變者也。

曹操曰：兵一分一合，以敵爲變也。○李筌曰：以詭詐乘其利動，或合或分，以爲變化之形。○杜牧曰：分合者，或分或合，以惑敵人，觀其應我之形，然後能變化以取勝也。○陳皞

曰：乍合乍分，隨而更變之也。○孟氏曰：兵法詭詐，以利動敵心。或合或離，爲變化之術。○梅堯臣、王晳同曹操註。○張預曰：或分散其形，或合聚其勢，皆因敵動静而爲變化也。或曰：變謂奇正相變，使敵莫測。故《衛公兵法》云：「兵散則以合爲奇，兵合則以散爲奇。三令五申，三散三合，復歸於正焉。」

故其疾如風，

曹操曰：擊空虚也。○李筌曰：進退也。其來無跡，其退至疾也。○梅堯臣曰：來無形跡。○王晳曰：速乘虚也。○何氏同梅堯臣註。○張預曰：其來疾暴，所向皆靡。

其徐如林，

曹操曰：不見利也。○李筌曰：整陳而行。○杜牧曰：徐，緩也。言緩行之時，須有行列如林木也，恐爲敵人之掩襲也。○孟氏曰：言緩行須有行列如林，以防其掩襲。○杜佑曰：不見利不前，如風吹林，小動而其大不移。○梅堯臣曰：如林之森然不亂也。○王晳曰：齊肅也。○張預曰：徐，舒也。舒緩而行，若林木之森森然，謂未見利也。尉繚子曰「重者如山如林，輕者如炮如熛」也。

侵掠如火，

曹操曰：疾也。○李筌曰：如火燎原，無遺草。○杜牧曰：猛烈不可嚮也。○賈林曰：侵掠敵國，若火燎原，不可往復。○張預曰：《詩》云：「如火烈烈，莫我敢遏。」言勢如猛火之熾，誰敢禦我！

不動如山，

曹操曰：守也。○李筌曰：駐軍也。○杜牧曰：閉壁屹然，不可摇動也。○賈林曰：未見便利，敵誘誑我，我因不動，如山之安。○梅堯臣曰：峻不可犯。○王晳曰：堅守也。○何氏曰：止如山之鎮静。○張預曰：所以持重也。《荀子・議兵篇》云：「圓居而方正，則若盤石然，觸之者角摧。」言不動之時，若山石之不可移，犯之者，其角立毁。

難知如陰，

李筌曰：其勢不測如陰，不能覩萬象。○杜牧曰：如玄雲蔽天，不見三辰。○梅堯臣曰：

幽隱莫測。○王晳曰：形藏也。○何氏曰：暗祕而不可料。○張預曰：如陰雲蔽天，莫覩辰象。

動如雷震，

李筌曰：盛怒也。○杜牧曰：如空中擊下，不知所避也。○賈林曰：其動也，疾不及應。太公曰：「疾雷不及掩耳。」○梅堯臣曰：迅不及避。○王晳曰：不虞而至。○何氏曰：藏謀以奮如此。○張預曰：如迅雷忽擊，不知所避，故太公曰：「疾雷不及掩耳，迅電不及瞬目。」

掠鄉分衆，

曹操曰：因敵而制勝也。○李筌曰：抄掠必分兵爲數道，懼不虞也。○杜牧曰：敵之鄉邑聚落無有守兵，六畜財穀易於剽掠，則須分番次第，使衆人皆得往也，不可獨有所往，如此，則大小強弱皆欲與敵爭利也。○陳皥曰：夫鄉邑村落，因非一處，察其無備，分兵掠之。○「掠鄉」一作「指向」。○賈林曰：三軍不可言遣，故以旌旗指向。隊伍不可語傳，故以麾幟

分衆。故因敵陳形可爲勢，此尤順，訓練分明，師徒服習也。○梅堯臣曰：以饗士卒。○王晳曰：指所鄉以分其衆。「鄉」音「向」。○何氏曰：得掠物，則與衆分。○張預曰：用兵之道，大率務因糧於敵，然而鄉邑之民，所積不多，必分兵隨處掠之，乃可足用。

廓地分利，

曹操曰：分敵利也。○李筌曰：得敵地，必分守利害。○杜牧曰：廓，開也。開土拓境，則分割與有功者。韓信言於漢王曰：「項王使人有功當封爵者，刻印刓忍不能與，今大王誠能反其道，以天下城邑封功臣，天下不足取也。」《三略》曰：「獲地裂之。」○陳皥曰：言獲其土地，則屯兵種蒔以分敵之利也。○賈林曰：廓，度也。度敵所據地利，分其利也。○梅堯臣曰：與有功也。○王晳曰：廓視地形，以據便利，勿使敵專也。○張預曰：開廓平易之地，必分兵守利，不使敵人得之。或云：得地則分賞有功者。今觀上下之文，恐非謂此也。

懸權而動。

曹操曰：量敵而動也。○李筌曰：權，量秤也。敵輕重與吾有銖鎰之別，則動。夫先動爲

客，後動爲主，客難而主易。《太一遁甲》定計之筭，明動易也。〇杜牧曰：如衡懸權，秤量已定，然後動也。〇何氏同杜牧註。〇張預曰：如懸權於衡，量知輕重，然後動也。尉繚子曰：「權敵審將而後舉。」言權量敵之輕重，審察將之賢愚，然後舉也。

先知迂直之計者勝，此軍爭之法也。

李筌曰：迂直，道路。勞佚餒寒，生於道路。〇杜牧曰：言軍爭者，先須計遠近迂直，然後可以爲勝。其計量之審，如懸權於衡，不失錙銖，然後可以動而取勝，此乃軍爭勝之法也。〇梅堯臣曰：稱量利害而動，在預知遠近之方則勝。〇王晳曰：量敵審輕重而動，又知迂直必勝之道也。〇張預曰：凡與人爭利，必先量道路之迂直，審察而後動，則無勞頓寒餒之患，而且進退遲速不失其機，故勝也。

《軍政》曰：

梅堯臣曰：軍之舊典。〇王晳曰：古軍書。

「言不相聞，故爲金鼓。

杜佑曰：金，鉦鐸也。聽其音聲以爲耳候。〇梅堯臣曰：以威耳也。耳威於聲，不可不清。〇王晳曰：鼓鼙、鉦鐸之屬。坐作、進退、疾徐、疏數，皆有其節。

視不相見，故爲旌旗。」

杜佑曰：瞻其指麾以爲目候。〇梅堯臣曰：以威目也。目威於色，不得不明。〇王晳曰：表部曲行列齊整也。

夫金鼓旌旗者，所以一人之耳目也。

李筌曰：鼓進鐸退，旌賞而旗罰。耳聽金鼓，目視旌旗，故不亂也。勇怯不能進退者，由旗鼓正也。〇張預曰：夫用兵既衆，占地必廣，首尾相遼，耳目不接，故設金鼓之聲，使之相聞，立旌旗之形，使之相見，視聽均齊，則雖百萬之衆，進退如一矣，故曰：「鬭衆如鬭寡，形名是也。」

人既專一，則勇者不得獨進，怯者不得獨退，此用衆之法也。

杜牧曰：旌以出令，旗以應號。蓋旗者，即今之信旗也。《軍法》曰：「當進不進、當退不退

者，斬之。」吴起與秦人戰，戰未合，有一夫不勝其勇，前獲雙首而返，吴起斬之。軍吏進諫曰：「此材士也，不可斬。」吴起曰：「信材士，非令也。」乃斬之。○梅堯臣曰：一人之耳目者，謂使人之視聽齊一而不亂也。鼓之則進，金之則止，麾右則右，麾左則左，不可以勇怯而獨先也。○王晳曰：使三軍之衆，勇怯、進退齊一者，鼓鐸旌旗之爲也。○張預曰：士卒專心一意，惟在於金鼓旌旗之號令。當進則進，當退則退，一有違者，必戮，故曰：令不進而進，與令不退而退，厥罪惟均。尉繚子曰：「鼓鳴旗麾，先登者未嘗非多力國士也，將者之過也。」言不可賞先登獲儁者，恐進退不一耳。

故夜戰多火鼓，晝戰多旌旗，所以變人之耳目也。

李筌曰：火鼓，夜之所視聽。旌旗，晝之所指揮。○杜牧曰：令軍士耳目皆隨旌旗火鼓而變也。或曰：夜戰多火鼓，其旨如何？夜黑之後，必無原野列陳，與敵刻期而戰也。軍襲敵營，鳴鼓然火，適足以警敵人之耳，明敵人之目，於我返害，其義安在？答曰：富哉問乎！此乃孫武之微旨也。凡夜戰者，蓋敵人來襲我壘，不得已而與之戰，其法在於立營之法與陳小同。故《志》曰：「止則爲營，行則爲陳。」蓋大陳之中必包小陳，大營之内亦包小營。蓋前後左右之軍各自有營環遶。大將之營居於中央，諸營環之，隅落鈎聯，曲折相對，象天之壁壘星。其營相去上不過百步，下不過五十步，道徑通達，足以出隊列部，壁壘相望，足以弓弩相救。每於十字路口，必立小堡，上致柴薪，穴爲暗道，胡梯上之，令人看守。夜黑之後，聲鼓四起，即以燔燎。是以賊夜襲我，雖入營門，四顧屹然，復有小營各自堅守，東西南北，未知所攻。大將營或諸小營中，先知有賊至者，放令盡入，然後擊鼓，諸營齊應，衆堡燎火，明如晝日。諸營兵士於是閉門登壘，下瞰敵人，勁弩彊弓，四向俱發。敵人雖有韓、白之將，鬼神之兵，亦無能計也。唯恐夜不襲我，來則必敗。若敵人或能潛入一營，即諸營舉火出兵，四面繞之，號令營中，不得輒動，須臾之際，善惡自分。賊若出走，皆在羅網矣。故司馬宣王入諸葛亮營壘，見其曲折，曰：「此天下之奇才也！」今之立營，通洞豁達，雜以居之，若有賊夜來斫營，萬人一時驚擾，雖多致斥候，嚴爲備守，晦黑之後，彼我不分，雖有衆力，亦不能用。○陳皞曰：杜言夜黑之後，必無原野列陳，與敵人刻期而戰，非也。天寶末，李光弼以五百騎趨河

陽，多列火炬，首尾不息，史思明數萬之衆不敢逼之，豈止待賊斫營而已？○賈林曰：火鼓旌旗，可以聽望，故晝夜異用之。○梅堯臣曰：多者，欲以變惑敵人耳目。○王晳曰：多者，所以震駭視聽，使慹我之威武聲氣也。《傳》曰：「多鼓鈞聲，以夜軍之。」○張預曰：凡與敵戰，夜則火鼓不息，晝則旌旗相續，所以變亂敵人之耳目，使不知其所以備我之計。越伐吴，夾水而陳。越爲左右句卒，使夜或左或右，鼓譟而進，吴師分以禦之，遂爲越所敗，是惑以火鼓也。晉伐齊，使司馬斥山澤之險，雖所不至，必旆而疏陳之，齊侯畏而脱歸，是惑以旌旗也。

故三軍可奪氣，

曹操曰：左氏言：「一鼓作氣，再而衰，三而竭。」○李筌曰：奪氣，奪其鋭勇。齊伐魯，戰於長勺。齊人一鼓，公將戰，曹劌曰：「未可。」齊人三鼓，劌曰：「可矣。」乃戰。齊師敗績。公問其故，劌曰：「夫戰，勇氣也，一鼓作氣，再而衰，三而竭。彼竭我盈，故克之。」奪三軍之氣也。○杜牧曰：《司馬法》：「戰以力久，以氣勝。」齊伐魯，莊公將戰於長勺。公將鼓之，曹劌曰：「未可。」齊人三鼓，劌曰：「可矣。」齊師敗績。公問其故，對曰：「夫戰，勇氣也，一鼓作氣，再而衰，三而竭。彼竭我盈，故克之。」晉將毋丘儉、文欽反，諸軍屯樂嘉，司馬景王銜枚徑造之。欽子鴦，年十八，勇冠三軍，曰：「及其未定，請登城鼓噪擊之，可破。」既而三噪之，欽不能應。鴦退，相與引而東。景王謂諸將曰：「欽走矣。」發鋭軍以追之。諸將曰：「欽舊將鴦小而鋭，引軍内入，未有失利，必不走也。」王曰：「一鼓作氣，再而衰，三而竭。鴦鼓而欽不應，其勢已屈，不走何待？」欽果引去。○王晳曰：震慹衰惰，則軍氣奪矣。○何氏曰：《淮南子》曰：「將充勇而輕敵，卒果敢而樂戰，三軍之衆，百萬之師，志厲青雲，氣如飄風，聲如雷霆，誠積踰而威加敵人，此謂氣勢。」吴子曰：「三軍之衆，百萬之師，張設輕重，在於一人，是謂氣機。」故奪氣者有所待，有所乘，則可矣。○張預曰：氣者，戰之所恃也。夫含生稟血，鼓作鬬争，雖死不省者，氣使然也。故用兵之法，若激其士卒，令上下同怒，則其鋒不可當。故敵人新來而氣鋭，則且以不戰挫之，伺其衰倦而後擊，故彼之鋭氣可以奪也。尉繚子謂「氣實則鬬，氣奪則走」者，此之謂也。曹劌言「一鼓作氣」者，謂初來之氣盛也；「再而衰，三而竭」者，謂陳久而人倦也。又，李靖曰：「守者，不止完其壁、堅其陳而

已，必也守吾氣而有待焉。」所謂守其氣者，常養吾之氣，使鋭盛而不衰，然後彼之氣可得而奪也。

將軍可奪心。

李筌曰：怒之令憤，撓之令亂，間之令疎，卑之令驕，則彼之心可奪也。○杜牧曰：心者，將軍心中所倚賴以爲軍者也。後漢寇恂征隗囂，囂將高峻守高平第一。峻遣軍將皇甫文出謁恂，辭禮不屈，恂怒斬之，遣其副。峻惶恐，即日開城門降。諸將曰：「敢問殺其使而降其城，何也？」恂曰：「皇甫文，峻之腹心，其所取計者。今來，辭氣不屈，必無降心。全之，則文得其計；殺之，則峻亡其膽，是以降耳。」後燕慕容垂遣子寶率衆伐後魏。始寶之來，垂已有疾。自到五原，道武帝斷其來路，父子問絶。道武乃詭其行人之辭，令臨河告之曰：「父已死，何不遽還？」寶兄弟聞之，憂懼以爲信然，因夜遁去。道武襲之，大破於參合陂。○梅堯臣曰：以鼓旗之變惑奪其氣，軍既奪氣，將亦奪心。○王晳曰：紛亂諠譁，則將心奪矣。○何氏曰：先須己心能固，然後可以奪敵將之心，故《傳》曰「先人有奪人之心」，《司馬法》曰「本心固，新氣勝」者是也。○張預曰：心者，將之所主也。夫治亂、勇怯，皆主於心。故善制敵者，撓之而使亂，激之而使惑，迫之而使懼，故彼之心謀可以奪也。《傳》曰「先人有奪人之心」，謂奪其本心之計也。又，李靖曰：「攻者，不止攻其城、擊其陳而已，必有攻其心之術焉。」所謂攻其心者，常養吾之心，使安閑而不亂，然後彼之心可得而奪也。

是故朝氣鋭，

陳皞曰：初來之氣，氣方盛鋭，勿與之争也。○孟氏曰：《司馬法》曰：「新氣勝舊氣。」新氣即朝氣也。○王晳曰：士衆凡初舉，氣鋭也。

晝氣惰，

王晳曰：漸久少怠。

暮氣歸。

孟氏曰：朝氣，初氣也。晝氣，再作之氣也。暮氣，衰竭之氣也。○梅堯臣曰：朝，言其始也。晝，言其中也。暮，言其終也。謂兵始而鋭，久則惰而思歸，故可擊。○王晳曰：怠久意

歸，無復戰理。

故善用兵者，避其銳氣，擊其惰歸，此治氣者也。

李筌曰：氣者，軍之氣勇。○杜牧曰：陽氣生於子，成於寅，衰於午，伏於申。凡晨朝，陽氣初盛，其來必銳，故須避之；候其衰，伏擊之，必勝。武德中，太宗與竇建德戰於汜水東，建德列陳，彌亘數里。太宗將數騎登高觀之，謂諸將曰：「賊度險而囂，是軍無政令；逼城而陳，有輕我心。按兵不出，待敵氣衰，陳久卒飢，必將自退，退而擊之，何往不克！」建德列陳，自卯至午，兵士飢倦，悉列坐右，又爭飲水。太宗曰：「可擊矣！」遂戰，生擒建德。○陳皥曰：有辰巳列陳至午未未勝者，午未列陳至申酉未勝者，不必事須晨旦而爲陽氣，申午而爲衰氣也。太宗之攻建德也，登高而望之，謂諸將曰：「賊盡銳來攻，我當少避之；退，則可以騎留之。」以明不須晨旦也。凡彼有銳，則如此避之，不然則否。○杜佑曰：避其精銳之氣，擊其懈惰、欲歸，此理氣者也，曹劌之説是也。○梅堯臣曰：氣盛勿擊，衰懈易敗。○何氏曰：夫人情莫不樂安而惡危，好生而懼死，無故驅之就卧尸之地，樂趨於兵戰之場，其心之所畜，非有忿怒欲鬬之氣，一旦乘而激之，冒難而不顧，犯危而不畏，則未嘗不悔而怯矣。今夫天下懦夫心有所激，則率爾争鬬，不啻諸、劌。至於操刃而求鬬者，氣之所乘也；氣衰則息，惻然而悔矣。故三軍之視強寇如視處女者，乘其忿怒而有所激也。是以即墨之圍，五千人擊却燕師者，乘燕劓降掘塚之怒也。秦之鬬士倍我者，因三施無報之怒，所以我怠而秦奮也。二者，治氣有道，而所用乘其機也。○張預曰：朝喻始，晝喻中，暮喻末，非以早晚爲辭也。凡人之氣，初來新至則勇鋭，陳久人倦則衰。故善用兵者，當其銳盛，則堅守以避之；待其惰歸，則出兵以擊之，此所謂善治己之氣以奪人之氣者也。前趙將游子遠之敗伊餘羌，唐武德中太宗之破竇建德，皆用此術。

以治待亂，以靜待譁，此治心者也。

李筌曰：伺敵之變，因而乘之。○杜牧曰：《司馬法》曰：「本心固。」言料敵制勝，本心已定，但當調治之，使安静堅固，不爲事撓，不爲利惑，候敵之亂，伺敵之譁，則出兵攻之矣。○陳皥曰：政令不一，賞罰不明，謂之亂。旌旗錯雜，行伍輕囂，謂之譁。審敵如是，則出攻

之。〇賈林曰：以我之整治待敵之撓亂，以我之清淨待敵之諠譁，此治心者也。故太公曰「事莫大於必克，用莫大於玄默」也。〇梅堯臣曰：鎮静待敵，衆心則寧。〇王晳同陳皞註。〇何氏曰：夫將以一身之寡、一心之微連百萬之衆，對虎狼之敵，利害之相雜，勝負之紛揉，權智萬變，而措置於胷臆之中，非其中廓然，方寸不亂，豈能應變而不窮，處事而不迷，卒然遇大難而不驚，案然接萬物而不惑？吾之治足以待亂，吾之静足以待譁，前有百萬之敵，而吾視之，則如遇小寇。亞夫之禦寇也，堅卧而不起；欒箴之臨敵也，好以整，又好以暇。夫審此二人者，蘊以何術哉？蓋其心治之有素，養之有餘也。〇張預曰：治以待亂，静以待譁，安以待躁，忍以待忿，嚴以待懈，此所謂善治己之心以奪人之心者也。

以近待遠，以佚待勞，以飽待飢，此治力者也。

李筌曰：客主之勢。〇杜牧曰：上文云「致人而不致於人」是也。〇杜佑曰：以我之近待彼之遠，以我之閑佚待彼之疲勞，以我之充飽待彼之飢虚，此理人力者也。〇梅堯臣曰：無困竭人力以自弊。〇王晳曰：以餘制不足，善治力也。〇張預曰：近以待遠，佚以待勞，飽以待飢，誘以待來，重以待輕，此所謂善治己之力以困人之力者也。

無邀正正之旗，勿擊堂堂之陳，此治變者也。

曹操曰：正正，齊也。堂堂，大也。〇李筌曰：正正者，齊整也。堂堂者，部分也。〇杜牧曰：堂堂者，無懼也。兵者，隨敵而變；敵有如此，則勿擊之，是能治變也。後漢曹公圍鄴，袁尚來救，公曰：「尚若從大道來，當避之；若循西山來，此成擒耳。」尚果循西山來，逆擊，大破之也。〇梅堯臣曰：正正而來，堂堂而陳，示無懼也，必有奇變。〇王晳曰：本可要擊，以視整齊盛大，故變。〇何氏曰：所謂「强則避之」。〇張預曰：正正，謂形名齊整也。堂堂，謂行陳廣大也。敵人如此，豈可輕戰？《軍政》曰：「見可而進，知難而退。」又曰：「强而避之。」言須識變通。此所謂善治變化之道，以應敵人者也。

故用兵之法：高陵勿向，背丘勿逆，

李筌曰：地勢也。〇杜牧曰：向者，仰也。背者，倚也。逆者，迎也。言敵在高處，不可仰攻；敵倚丘山下來求戰，不可逆之。此言自下趨高者力乏，自高趨下者勢順也。故不可向

迎。○孟氏曰：敵背丘陵爲陳，無有後患，則當引軍平地，勿迎擊之。○杜佑曰：敵若依據丘陵險阻陳兵待敵，勿輕攻趨也。既地勢不便，有殞石之衝也。○梅堯臣曰：高陵勿向者，敵處其高，不可仰擊。背丘勿逆者，敵自高而來，不可逆戰，勢不便也。○王晳曰：如此不便，則當嚴陳以待變也。○何氏曰：秦伐韓，趙王令趙奢救之。秦人聞之，悉甲而至。軍士許歷請以軍事諫，曰：「秦人不意趙師至此，其來氣盛，將軍必厚集其陳以待之，不然必敗。今先據北山上者勝，後至者敗。」奢從之，即發萬人趨之。秦兵後至，争山不得上，奢縱兵擊之，大破秦軍。後周遣將伐高齊，圍洛陽。齊將段韶禦之，登邙坂，聊欲觀周軍形勢。至太和谷，便值周軍，即遣馳告諸營，與諸將結陳以待之。周軍以步人在前，上山逆戰。韶以彼步我騎，且却且引，得其力弊，乃遣下馬擊之。短兵始交，周人大潰，並即奔遁。○張預曰：敵處高爲陳，不可仰攻，人馬之馳逐，弧矢之施發，皆不便也。故諸葛亮曰：「山陵之戰，不仰其高。敵從高而來，不可迎之，勢不順也，引至平地，然後合戰。」

佯北勿從，

李筌、杜牧曰：恐有伏兵也。○賈林曰：敵未衰，忽然奔北，必有奇伏要擊我兵，謹勒將士，勿令逐追。○杜佑曰：北，奔走也。敵方戰，氣勢未衰，便奔走而陳兵者，必有奇伏，勿深入從之。故太公曰：「夫出甲陳兵，縱卒亂行者，欲以爲變也。」○梅堯臣同杜牧註。○王晳曰：勢不至北，必有詐也，則勿逐。○何氏曰：如戰國秦師伐趙，趙奢之子括代廉頗將，拒秦於長平。秦陰使白起爲上將軍。趙出兵擊秦，秦軍佯敗而走，張二奇兵以劫之。趙軍逐勝，追造秦壁，壁堅不得入，而秦奇兵二萬五千人絶趙軍後，又一軍五千騎絶趙壁間。趙軍分而爲二，糧道絶，而秦出輕兵擊之。趙戰不利，因築壁堅守，以待救至。秦聞趙食道絶，王自之河内，發卒遮絶趙救及糧食。趙卒不得食四十六日，陰相殺食。括中射而死。蜀劉表遣劉備北侵至鄴，曹公遣夏侯惇、李典拒之。一朝備燒屯去，惇遣諸將追擊之。典曰：「賊無故退，疑必有伏。南道窄狹，草木深，不可追也。」不聽。惇等果入賊伏裹。典往救，備見救至，乃退。西魏末，遣將史寧與突厥同伐吐谷渾，遂至樹敦，即吐谷渾之舊都，多儲珍藏，而其主先已奔賀真城，留其征南王及數千人固守。寧攻之，僞退。吐谷渾人果開門逐之，因回兵奪門，

門未及闔，寧兵遂得入，生獲其征南王，俘獲男女財寶，盡歸諸突厥。北齊高澄立，侯景叛歸梁，而圍彭城。澄遣慕容紹宗討之。將戰，紹宗以梁人剽悍，恐其衆之撓也，召將帥而語之曰：「我當佯退，誘梁人使前，汝可擊其背。」申明誡之。景又命梁人曰：「逐北勿過二里。」會戰，紹宗走，梁人不用景言，乘敗深入。魏人以紹宗之言爲信，争掩擊，遂大敗之。唐安禄山反，郭子儀圍衛州，僞鄭王慶緒率兵來援，分爲三軍。子儀陳以待之，預選射者三千人伏於壁内，誡之曰：「俟吾小却，賊必争進，則登城鼓譟，弓弩齊發以逼之。」既戰，子儀僞退，而賊果乘之。乃開壘門，遽聞鼓譟，矢注如雨，賊徒震駭。整衆追之，遂虜慶緒。○張預曰：敵人奔北，必審真僞。若旗鼓齊應，號令如一，紛紛紜紜，雖退走，非敗也，必有奇也，不可從之。若旗靡轍亂，人囂馬駭，此真敗却也。

鋭卒勿攻，

李筌曰：避彊氣也。○杜牧曰：避實也。楚子伐隋，隋臣季良曰：「楚人尚左，君必左，無與王遇。且攻其右，右無良焉，必敗。偏敗，衆乃攜矣。」隋少師曰：「不當王，非敵也。」不從。隋師敗績。○陳皞曰：此説是避敵所長，非「鋭卒勿攻」之旨也。蓋言士卒輕鋭，且勿攻之，待其懈惰，然後擊之。所謂千里遠鬭，其鋒莫當，蓋近之爾。○梅堯臣曰：伺其氣挫。○何氏曰：如蜀先主率大衆東伐吴，吴將陸遜拒之，蜀主從建平連圍至夷陵界，立數十屯，以金帛爵賞誘動諸夷。先遣將吴班以數千人於平地立營，欲以挑戰。諸將皆欲擊之，遜曰：「備舉軍東至，鋭氣始盛，且乘高守險，難可卒攻，攻之縱下，猶難盡克，若有不利，損我必大。今但且獎勵將士，廣施方略，以觀其變。」備知其計不行，乃引伏兵八千人從谷中出。遜曰：「所以不聽諸軍擊班者，揣之必有巧故也。」諸將並曰：「攻備當在初，今乃令人五六百里相銜持，經七八月，其諸要害，賊已固守，擊之必無利矣。」遜曰：「備是猾虜，其軍始集，思慮精專，未可干也。今住已久，不得我便，兵疲意沮，計不復生。犄角此寇，正在今日！」乃先攻一營，不利。遜曰：「吾已曉破之之術。」乃令各持一把茅，以火攻，拔之。備因夜遁。魏末，吴將諸葛恪圍新城，司馬景王使毌丘儉、文欽等拒之。儉、欽請戰，景王曰：「恪卷甲深入，投兵死地，其鋒未易當，且新城小而固，攻之未可拔。」遂令諸將高壘以弊之。相持數日，恪攻

治兵書

卷中　　軍□篇

城力屈，死傷大半。景王乃令欽督鋭卒趣合榆，斷其歸路。恪懼而遁。前趙劉曜遣將討羌，大酋權渠率衆保險阻，曜將游子遠頻敗之。權渠欲降，其子伊餘大言於衆中曰：「往年劉曜自來，猶無若我何。」晨，壓子遠壘門。左右勸出戰。子遠曰：「吾聞伊餘有專諸之勇、慶忌之捷，其父新敗，怒氣甚盛，且西戎勁悍，其鋒不可擬也，不如緩之，使氣竭而擊之。」乃堅壁不戰。伊餘有驕色。子遠候其無備，夜分誓衆，秣馬蓐食，先晨具甲掃壘而出，遲明設覆而戰，生擒伊餘於陳。唐武德中，太宗率師往河東討劉武周，江夏王道宗從軍。太宗登玉壁城覩賊，顧謂道宗曰：「賊恃其衆，來邀我戰，汝謂如何？」對曰：「群賊鋒不可當，易以計屈，難與力争。今衆深壁高壘，以挫其鋒。烏合之徒，莫能持久，糧運致竭，自當離散，可不戰而擒。」太宗曰：「汝意見暗與我合。」後賊食盡夜遁，一戰敗之。又，太宗征薛仁杲於折墌城，賊十有餘萬，兵鋒甚鋭，數來挑戰。諸將請戰，太宗曰：「我卒新經挫衄，鋭氣猶少，賊驟勝，必輕進好鬬，我且閉壁以折之，待其氣衰而後擊，可一戰而破，此萬全計也。」因令軍中曰：「敢言戰者斬！」相持久之，賊糧盡，軍中頗攜貳，其將相繼來降。太宗知仁杲(必)〔心〕腹内離，謂諸將曰：「可以戰矣。」令總管梁實營於淺水原以誘之。賊大將宗羅睺自恃驕悍，求戰不得，氣憤者久之，及是盡鋭攻梁實，冀逞其志。梁實固險不出，以挫其鋒。羅睺攻之愈急。太宗度賊已疲，復謂諸將曰：「彼氣將衰，吾當取之必矣。」申令諸將遲明合戰。令將軍龐玉陳於淺水原南，出賊之右，先餌之。羅睺併軍共戰。玉軍幾敗。太宗親御大軍，奄自原北，出其不意。羅睺回師相拒，我師表裏齊奮，呼聲動天。羅睺氣奪，於是大潰。又，李靖從河間王孝恭討蕭銑，兵至夷陵，銑將文士弘率精卒數萬屯清江。孝恭欲擊之，靖曰：「士弘，銑之健將，士卒驍勇。今新出荆門，盡兵出戰，此是救敗之師，恐不可當也。宜且泊南岸，勿與争鋒，待其氣衰，然後奮擊，破之必矣。」孝恭不從，留靖守營，與賊戰，孝恭果敗，奔於南岸。○張預曰：敵若乘鋭而來，其鋒不可當，宜少避之，以伺疲挫。晉楚相持，楚晨壓晉軍而陳，軍吏患之。欒書曰：「楚師輕窕，固壘以待之，三日必退，退而擊之，必獲勝焉。」又，唐太宗征薛仁杲，賊兵鋒甚鋭，數來挑戰，諸將咸請戰，太宗曰：「當且閉壘以折之，待其氣衰，可一戰而破也。」果然。

餌兵勿食，

李筌曰：秦人毒涇上流。○杜牧曰：敵忽棄飲食而去，先須嘗試，不可便食，慮毒也。後魏文帝時，庫莫奚侵擾，詔濟陰王新成率衆討之，王乃多爲毒酒，賊既漸逼，使棄營而去，賊至，喜，競飲，酒酣毒作，王簡輕騎縱擊，俘虜萬計。○陳皞曰：此之獲勝，蓋亦偶然，固非爲將之道，垂後世法也。孫子豈以他人不能致毒於人腹中哉？此言喻魚若見餌，不可食也。敵若懸利，不可貪也。曹公與袁紹將文醜等戰，諸將以爲敵騎多，不如還營，荀攸曰：「此所以餌敵也，安可去之？」即知餌兵非止謂寘毒也。「食」字疑或爲「貪」字也。○梅堯臣曰：魚貪餌而亡，兵貪餌而敗。敵以兵來釣我，我不可從。○王晳曰：餌我以利，必有奇伏。○何氏曰：如春秋時楚伐絞，軍其南門，莫敖屈瑕曰：「絞小而輕，輕則寡謀。請無扞采樵者以誘之。」從之。絞人獲三十人。明日，絞人争出。驅楚役徒於山中。楚人坐其北門，而覆諸山下，大敗之，爲城下之盟而還。又如，赤眉佯敗，棄輜重走，車載土，以豆覆其上，鄧弘取之，爲赤眉所敗。曹公未得濟而放牛馬，馬超取之，而公得渡。又如，曹公棄輜重，文醜、劉備分取之，而爲公所破。又如，後魏廣陽王元深以乜列河誘拔陵，竟來抄掠，拔陵爲于謹伏兵所破。此皆餌之之術也。○張預曰：《三略》曰：「香餌之下，必有懸魚。」言魚貪餌，則爲釣者所得；兵貪利，則爲敵人所敗。夫餌兵，非止謂寘毒於飲食，但以利留敵，皆爲餌也，若曹公以畜産餌馬超，以輜重餌袁紹，李矩以牛馬餌石勒之類，皆是也。

歸師勿遏，

李筌曰：士卒思歸，志不可遏也。○杜牧曰：曹公自征張繡於穰，劉表遣兵救繡，以絶軍後。公將引還，繡兵來追。公軍不得進，表與繡復合兵守險，公軍前後受敵。公乃夜鑿險爲地道，悉過輜重，設奇兵。步騎夾攻，大破之。公謂荀文若曰：「虜遏吾歸師，而與吾死地，吾是以知勝矣。」○孟氏曰：人懷歸心，必能死戰，則不可止而擊也。○杜佑曰：人人有室家鄉國之往，不可遏截之，徐觀其變而制之。○梅堯臣曰：敵必死戰。○王晳曰：人自爲戰也，勿遏塞之。若猶有他慮，則可要而擊。曹公攻鄴，袁尚來救，諸將以爲歸師，不如避之，公曰：「尚從大道來，則避之，若循西山來者，此成擒耳。」蓋大道來則歸意全，循山來則顧負險，且

鹽鐵論　卷中

貧富第

有懼心也。○何氏曰：如魏初曹操圍張繡於穰，劉表遣兵救繡，以絶軍後。公將引還，繡兵來追，公軍不得進，連營稍前到安衆，繡與表合兵守險，公軍前後受敵。公乃夜鑿險爲地道，悉過輜重，設奇兵。會明，賊謂公爲遁也，悉軍來追。乃縱奇兵，步騎夾攻，大破之。公謂荀彧曰：「虜遏吾歸師，與吾死地，是以知勝。」齊建武二年，魏圍鍾離，張欣泰爲軍主，隨崔慧景救援。及魏軍退，而邵陽洲上餘兵萬人，求輸馬五百匹假道。慧景欲斷路攻之，欣泰説慧景曰：「歸師勿遏，古人畏之。兵在死地，不可輕也。」慧景乃聽過也。前秦符堅征晉，至壽春，兵敗還長安。慕容泓起兵於華澤，堅將符叡、竇衝、姚萇討之。符叡勇果輕敵，不恤士衆。泓聞其至也，懼，率衆將奔關東，叡馳兵邀之。姚萇諫曰：「鮮卑有思歸之心，宜驅令出關，不可遏也。」叡弗從。戰於華澤，叡敗績被殺。後涼呂弘攻段業於張掖，不勝，將東走。業議欲擊之，其將沮渠蒙遜諫曰：「歸師勿遏，窮寇勿追，此兵家之戒，不如縱之，以爲後圖。」業曰：「一日縱敵，悔將無及。」遂率衆追之，爲弘所敗。○張預曰：兵之在外，人人思歸，當路邀之，必致死戰。韓信曰：「從思東歸之士，何所不克？」曹公既破劉表，謂荀彧曰：「虜遏

吾歸師，吾是以知勝。」又，呂弘攻段業，不勝，將東走。業欲擊之，或諫曰：「歸師勿遏，兵家之戒，不如縱之，以爲後圖。」業不從，率衆追之，爲弘所敗。古人似此者多，不可悉陳。

圍師必闕，

曹操曰：《司馬法》曰：「圍其三面，闕其一面，所以示生路也。」○李筌曰：夫圍敵，必空其一面，示不固也；若四面圍之，敵必堅守不拔也。項羽坑外黄，魏武圍壺關，即其義也。○杜牧曰：示以生路，令無必死之心，因而擊之。後漢妖巫維汜弟子單臣、傅鎮等相聚入原武城，劫掠吏人，自稱將軍。光武遣臧宫將北軍數千人圍之。賊食多，數攻不下，士卒死傷。帝召公卿諸侯王問方略，明帝時爲東海王，對曰：「妖巫相劫，勢無久立，其中必有悔者，但外圍急，不得走耳。小挺緩，令得逃亡，則一亭長足以擒矣。」帝即勑令開圍緩守，賊衆分散，遂斬臣、鎮等。大唐天寶末，李光弼領朔方軍與史思明戰於土門，賊衆退散，四面圍合，光弼令開東南角以縱之，賊見開圍，棄甲急走，因追擊之，盡殲其衆，是開一面也。○杜佑曰：若圍敵平陸之地，必空一面，以示其虛，欲使戰守不固，而有去留之心。若敵臨危據險，彊救在表，當

堅固守之，未必闕也，此用兵之法。○梅堯臣同曹操註。○何氏曰：如後漢初，張步據齊地，漢將耿弇摠兵討之。步使其大將費邑軍歷下，又分守祝阿、鍾城。弇先擊祝阿，自晨攻城，未日中而拔。故開圍一角，令其衆得奔歸鍾城。鍾城人聞祝阿已潰，大恐懼，遂空壁亡去。又，朱儁與徐璆共討黄巾餘賊，韓忠據宛乞降，不許。因急攻之，連城不克。儁登山覩之，顧謂張超曰：「吾知之矣。賊今外圍周固，内營急逼，乞降不受，欲出不得，所以死戰也。萬人一心，猶不可當，況十萬乎？其害甚矣。今不如徹圍，并兵入城。忠見圍解，則勢必自出，出則意散，易破之道也。」既而解圍，忠果出戰，儁因破之。又，魏太祖圍壺關，下令曰：「城拔，皆坑之！」連月不下。曹仁曰：「圍城，必示之活門，所以開其生路也。今公告之必死，將人自爲守，且城固而糧多，攻之則士卒傷，守之則日久。今頓兵堅城之下，攻必死之虜，非良計也。」太祖從之，開城遂降。又，後魏末，齊神武起義兵於河北，尒朱兆、天光、度律、仲遠等四將同會鄴南，士馬精彊，號二十萬，圍神武於南陵山。是時神武馬二千，步卒不滿三萬人，兆等設圍不合，神武連繫牛驢，自塞歸道，於是將士死戰，四面奮擊，大破兆等。○張預曰：圍其三面，開其一角，示以生路，使不堅戰。後漢朱儁討賊帥韓忠於宛，急攻不克，因謂軍吏曰：「賊今外圍周固，所以死戰；若我解圍，勢必自出，出則意散，易破之道也。」果如其言。又，曹公圍壺關，謂之曰：「城破，皆坑之。」連攻不下。曹仁謂公曰：「夫圍城，必示之活門，所以開其生路也。今公許之必死，令人自守，非計也。」公從之，遂拔其城是也。

窮寇勿迫。

杜牧曰：春秋時，吴伐楚，楚師敗走，及清發，闔閭復將擊之。夫槩王曰：「困獸猶鬭，況人乎？若知不免而致死，必敗我。若使半濟，而後可擊也。」從之，又敗之。漢宣帝時，趙充國討先零羌。羌覩大軍，棄輜重，欲渡湟水，道阨狹，充國徐行驅之。或曰：「逐利行遲。」充國曰：「窮寇也，不可迫。緩之則走不顧，急之則還致死。」諸將曰：「善。」虜果赴水，溺死者數萬，於是大破之也。○陳皞曰：鳥窮則搏，獸窮則噬也。○梅堯臣曰：困獸猶鬭，物理然也。○何氏曰：前燕呂護據野王，陰通晉。事覺，燕將慕容恪等率衆討之。將軍傅顔言之恪曰：「護窮寇假合，（五）〔王〕師既臨，則上下喪氣。殿下前以廣固天險，守易攻難，故爲長久

之策，今賊形不與往同，宜急攻之，以省千金之費。」恪曰：「護，老賊，經變多矣，觀其爲備之道，則未易卒圖也。今圍之於窮城，樵採路絶，内無蓄積，外無彊援，不過於十旬，弊之必矣，何必殘士卒之命而趨一時之利哉！此謂兵不血刃而坐以制勝也。」遂列長圍守之。凡經六月，而野王潰，護南奔于晉，悉降其衆。五代晉將符彦卿、杜重威經恪北鄙，遇虜於陽城。戎人十萬，圍晉師於中野，乏水，軍人鑿井，取泥衣絞而吮之，人馬渴死甚衆。彦卿曰：「與其束手就擒，曷若以身徇國？我今窮蹙！」乃率勁騎出擊之。會大風揚塵，乘勢決戰，戎人大潰。此彦卿爲虜十萬所圍，乃窮蹙之寇，遂致死力以求生，戎人不悟之，致敗也。○張預曰：敵若焚舟破釜，來決一戰，則不可逼迫，蓋獸窮則搏也。晉師敗齊於鞌，齊侯請盟，晉人不許。齊侯曰：「請收合餘燼，背城借一。」晉人懼而與之盟。吴夫槩王謂「困獸猶鬭」，漢趙充國言「緩之則走不顧，急之則還致死」，蓋亦近之。

此用兵之法也。

九變篇

曹操曰：變其正，得其所用九也。○王晳曰：晳謂九者數之極，用兵之法，當極其變耳。《逸詩》云：「九變復貫。」不知曹公謂何爲九？或曰：九地之變也。○張預曰：變者，不拘常法，臨事適變，從宜而行之之謂也。凡與人争利，必知九地之變，故次《軍争》。

孫子曰：凡用兵之法，將受命於君，合軍聚衆，

張預曰：已解上文。

圮地無舍，

曹操曰：無所依也。水毁曰圮。○李筌曰：地下曰圮，行必水淹也。○陳皥曰：圮，低下也。孔明謂之地獄。獄者，中下四面高也。○孟氏曰：太下則爲敵所囚。○杜佑曰：擇地頓兵，當趨利而避害也。○梅堯臣曰：山林、險阻、沮澤之地，不可舍止，無所依也。○何氏曰：下篇言「圮地則吾將進其塗」，謂少固之地，宜速去之也。○張預曰：山林、險阻、沮澤，凡難行之道，爲圮地。以其無所依，故不可舍止。

衢地交合，

曹操曰：結諸侯也。○李筌曰：四通曰衢，結諸侯之交地也。○賈林曰：結諸侯以爲援。○梅堯臣曰：夫四通之地，與旁國相通，當結其交也。○何氏曰：下篇云「衢地吾將固其結」，言交結諸侯，使牢固也。○張預曰：四通之地，旁有鄰國，先往結之，以爲交援。

絶地無留，

曹操曰：無久止也。○李筌曰：地無泉井、畜牧、采樵之處，爲絶地，不可留也。○賈林曰：谿谷坎險，前無通路，曰絶，當速去無留。○梅堯臣曰：始去國，始出境，猶不居輕地，是不可久留也。○張預曰：去國越境而師者，絶地也。危絶之地，過於重地，故不可淹留久止也。

圍地則謀，

曹操曰：發奇謀也。○李筌曰：因地能通。○賈林曰：居四險之中，曰圍地，敵可往來，我難出入。居此地者，可預設奇謀，使敵不爲我患，乃可濟也。○梅堯臣曰：往返險迂，當出奇謀。○何氏曰：下篇亦云「圍地則謀」。言在艱險之地，與敵相持，須用奇險詭譎之謀，不至於害也。○張預曰：居前隘後固之地，當發奇謀，若漢高爲匈奴所圍，用陳平奇計得出，兹近之。

死地則戰。

曹操曰：殊死戰也。○李筌曰：置兵於必死之地，人自爲私鬬，韓信破趙，此是也。○梅堯臣曰：前後有礙，決在死戰。此而上舉九地之大約也。○王晳註上之五地並同曹公。○何氏曰：下篇亦云「死地則戰」者，此地速爲死戰則生，若緩而不戰，氣衰糧絶，不死何待也！○張預曰：走無所往，當殊死戰，淮陰背水陳是也。從「圮地無舍」至此爲九變，止陳五事者，舉其大略也。《九地篇》中說九地之變，唯言六事，亦陳其大略也。凡地有勢有變，《九地篇》上所陳者，是其勢也，下所敘者，是其變也。何以知九變爲九地之變？下文云：「將不通九變，雖知地形，不能得地利。」又，《九地篇》云：「九地之變，屈伸之利，不可不察。」以此觀之，義可見也。下既説「九地」，此復言「九變」者，孫子欲敘五利，故先陳九變，蓋九變、五利相須而用，故兼言之。

塗有所不由，

曹操曰：隘難之地，所不當從，不得已從之，故爲變。○李筌曰：道有險狹，懼其邀伏，不可由也。○杜牧曰：後漢光武遣將軍馬援、耿舒討武陵五谿蠻，軍次下雋，今辰州也。有兩道可入：從壺頭則路近而水險，從充道則路夷而運遠。帝初以爲疑，及軍至，耿舒欲從充道，援以爲棄日費糧，不如進壺頭，搤其咽喉，則賊自破。以事上之帝，從援策，乃進營壺頭。賊乘高守隘，水疾，船不得上。會暑濕，士卒多疫死，援亦中病卒。耿舒與兄好畤侯書曰：「舒前上言，當先擊充，糧雖難運，而兵馬得用。軍人數萬，争欲先奮。今壺頭竟不得進，大衆怫鬱行死，誠可痛惜。」○賈林曰：由，從也。途且不利，雖近不從。○杜佑曰：阨難之地，所不當從也，不得已從之，故爲變也。○梅堯臣曰：避其險阨也。○王晳曰：途雖可從而有所不從，慮奇伏也。若趙涉説周亞夫，避殽黽阨陿之間，慮置伏兵，請走藍田，出武關，抵洛陽，間不過差一二日是也。○張預曰：險阨之地，車不得方軌，騎不得成列，故不可由也，不得已而行之，必爲權變，韓信知陳餘不用李左車計，乃敢入井陘口是也。

軍有所不擊，

曹操曰：軍雖可擊，以地險難久，留之失前利，若得之，則利薄。困窮之兵，必死戰也。○杜牧曰：蓋以鋭卒勿攻，歸師勿遏，窮寇勿迫，死地不可攻。或我彊敵弱，敵前軍先至，亦不可擊，恐驚之退走也。言有如此之軍，皆不可擊。斯統言爲將須知有此不可擊之軍，即須不擊，益爲知變也。故列於《九變篇》中。○陳皞曰：見小利不能傾敵，則勿擊之，恐重勞人也。○賈林曰：軍可威懷，勢將降伏，則不擊。寇窮據險，擊則死戰，可自固守，待其心惰，取之。○杜佑曰：軍雖可擊，以地險難久，留之失前利，若得之，利薄也。窮困之卒，隘陷之軍，不可攻，爲死戰也，當固守之，以待隙也。○梅堯臣曰：往無利也。○王晳曰：曹公曰：「軍雖可擊，以地險難久，留之失前利，若得之，則利薄。」晳謂餌兵、鋭卒、正正之旗、堂堂之陳亦是也。○張預曰：縱之而無所損，克之而無所利，則不須擊也。又若我弱彼彊，我曲彼直，亦不可擊。如晉楚相持，士會曰：「楚人德刑、政事、典禮不易，不可敵也，不爲是征。」義相近也。

城有所不攻，

曹操曰：城小而固，糧饒，不可攻也。操所以置華、費而深入徐州，得十四縣也。○杜牧曰：操捨華、費不攻，故能兵力完全，深入徐州，得十四縣也。蓋言敵於要害之地，深峻城隍，多積糧食，欲留我師；若攻拔之，未足爲利，不拔，則挫我兵勢，故不可攻也。宋順帝時，荆州守沈攸之反，素蓄士馬，資用豐積，戰士十萬，甲馬二千。軍至郢城，功曹臧寅以爲：攻守異勢，非旬日所拔；若不時舉，挫鋭損威。今順流長驅，計日可捷，既傾根本，則郢城豈能自固？故兵法曰「城有所不攻」是也。攸之不從。郢郡守柳世隆拒攸之，攸之盡鋭攻之，不克，衆潰走，入林自縊。後周武帝欲出兵於河陽以伐齊，吏部宇文弼進曰：「今用兵須擇地。河陽要衝，精兵所聚，盡力攻之，恐難得志。如臣所見，彼汾之曲，戍小山平，攻之易拔。用武之地，莫過於此。」帝不納，師竟無功。復大舉伐齊，卒用弼計以滅齊。國家自元和三年至於今，三十年間，凡四攻寇。魏薄攻寇之南宮縣，上黨攻寇之臨城縣，太原攻寇之河星鎮。是寇三城池浚壁堅，蒭粟米石、金炭麻膏，凡城守之資，常爲不可勝之計以備。官軍擊虜，攻既不拔，兵頓力疲。寇以勁兵來救，故百戰百敗。故三十年閒，困天下之功力，攻數萬之寇，四圍其境，通計

十歲，竟無尺寸之功者，蓋常墮寇計中，不能知變也。○賈林曰：臣忠義重稟命堅守者，亦不可攻也。○梅堯臣曰：有所害也。○王晳曰：城非控要，雖可攻，然懼於鈍兵挫鋭，或非堅實，而得士死力；又剋雖有期，而救兵至，吾雖得之，利不勝其所害也。○張預曰：拔之而不能守，委之而不爲患，則不須攻也。又若深溝高壘，卒不能下，亦不可攻。如士匄請伐偪陽，荀罃曰「城小而固，勝之不武，弗服爲笑」是也。

地有所不爭，

曹操曰：小利之地，方爭得而失之，則不爭也。○杜牧曰：言得之難守，失之無害。伍子胥諫夫差曰：「今我伐齊，獲其地，猶石田也。」東晉陶侃鎮武昌，議者以武昌北岸有邾城，宜分兵鎮之。侃每不答，而言者不已。侃乃渡水獵，引諸將佐語之曰：「我所以設險而禦寇，正以長江耳。邾城隔在江北，內無所倚，外接群夷，夷中利深，晉人貪利，夷不堪命，必引寇虜，乃致禍之由，非禦寇也。且今縱有兵守之，亦無益於江南，若羯虜有可乘之會，此又非所資也。」後庾亮戍之，果大敗也。○梅堯臣曰：得之無益者。○王晳曰：謂地雖要害，敵已據

之，或得之無所用，若難守者。〇張預曰：得之不便於戰，失之無害於己，則不須爭也。又若遼遠之地，雖得之，終非己有，亦不可爭。如吳子伐齊，伍員諫曰：「得地於齊，猶獲石田也。不如早從事於越。」不聽，爲越所滅是也。

君命有所不受。

曹操曰：苟便於事，不拘於君命也。〇李筌曰：苟便於事，不拘君命。穰苴斬莊賈，魏絳戮楊干是也。〇杜牧曰：尉繚子曰：「兵者，凶器也；爭者，逆德也；將者，死官也。無天於上，無地於下，無敵於前，無主於後。」〇賈林曰：決必勝之機，不可推於君命；苟利社稷，專之可也。〇孟氏曰：無敵於前，無君於後，閫外之事，將軍制之。〇梅堯臣曰：從宜而行也。此而上，五利也。〇張預曰：苟便於事，不從君命。夫槩王曰「見義而行，不待命」是也。自「塗有所不由」至此，爲五利。或曰：自「圮地無舍」至「地有所不爭」爲九變，謂此九事皆不從中覆，但臨時制宜，故統之以「君命有所不受」。

故將通於九變之地利者，知用兵矣。

李筌曰：謂上之九事也。〇杜佑曰：九事之變，皆臨時制宜，不由常道，故言變也。〇賈林曰：九變，上九事。將帥之任機權，遇勢則變，因利則制，不拘常道，然後得其通變之利。變之則九，數之則十，故君命不在常變例也。〇梅堯臣曰：達九地之勢，變而爲利也。〇王晳曰：非賢智，不能盡事理之變也。〇何氏曰：孫子以《九變》名篇，解者十有餘家，皆不條其九變之目者何也？蓋自「圮地無舍」而下，至「君命有所不受」，其數十矣，使人不得不惑。愚熟觀文意，上下止述其地之利害爾，且十事之中，「君命有所不受」且非地事，昭然不類矣。蓋孫子之意，言凡受命之將，合聚軍衆，如經此九地，有害而無利，則當變之，雖君命使之舍、留、攻、爭，亦不受也。況下文言「將不通於九變之利者，雖知地形，不能得地之利矣」，其君命豈得與地形而同筭也？況下之《地形篇》云：「戰道必勝，主曰無戰，必戰可也。戰道不勝，主曰必戰，無戰可也。」厥旨盡在此矣。〇張預曰：更變常道而得其利者，知用兵之道矣。

將不通於九變之利者，雖知地形，不能得地之利矣。

賈林曰：雖知地形，心無通變，豈惟不得其利，亦恐反受害也。將貴適變也。○梅堯臣曰：知地不知變，安得地之利？○張預曰：凡地有形有變，知形而不曉變，豈能得地之利？

治兵不知九變之術，雖知五利，不能得人之用矣。

曹操曰：謂下五事也。○「九變」一云「五變」。○賈林曰：五利、五變亦在九變之中。遇勢能變則利，不變則害。在人，故無常體。能盡此理，乃得人之用也。五變謂：途雖近，知有險阻、奇伏之變而不由；軍雖可擊，知有窮蹙、死鬬之變而不擊；城雖勢孤可攻，知有糧充、兵鋭、將智、臣忠不測之變而不攻；地雖可争，知得之難守、得之無利、有反奪傷人之變而不争；君命雖宜從之，知有內御不利之害而不受。此五變者，臨時制宜，不可預定。貪五利者：途近則由，軍勢孤則擊，城勢危則攻，地可取則争，軍可用則受命。貪此五利，不知其變，豈惟不得人用，抑亦敗軍傷士也。○梅堯臣曰：知利不知變，安得人而用？○王晳曰：雖知五地之利，不通其變，如膠柱鼓瑟耳。○張預曰：凡兵有利有變，知利而不識變，豈能得人之用？曹公言「下五事」爲五利者，謂「九變」之下五事也，非謂「雜於利害」已下五事也。

是故智者之慮，必雜於利害。

曹操曰：在利思害，在害思利，當難行權也。○李筌曰：害彼利此之慮。○賈林曰：雜一爲親，一爲難。言利害相參雜，智者能慮之慎之，乃得其利也。○梅堯臣同曹操註。○王晳曰：將通九變，則利害盡矣。○張預曰：智者慮事，雖處利地，必思所以害；雖處害地，必思所以利。此亦通變之謂也。

雜於利，而務可信也。

曹操曰：計敵不能依五地爲我害，所務可信也。○杜牧曰：信，申也。言我欲取利於敵人，不可但見取敵人之利，先須以敵人害我之事參雜而計量之，然後我所務之利乃可申行也。○賈林曰：在利之時，則思害以自慎。一云：以害雜利行之，威令以臨之，刑法以戮之，己不二三，則衆務皆信，人不敢欺也。○梅堯臣曰：以害參利，則事可行。○王晳曰：曲盡其利，則可勝矣。○張預曰：以所害而參所利，可以伸己之事。鄭師克蔡，國人皆喜，惟子産懼，曰：「小國無文德而有武功，禍莫大焉。」後楚果伐鄭。此是在利思害也。

雜於害，而患可解也。

曹操曰：既參於利，則亦計於害，雖有患可解也。○李筌曰：智者爲利害之事，必合於道，不至於極。○杜牧曰：我欲解敵人之患，不可但見敵能害我之事，亦須先以我能取敵人之利，參雜而計量之，然後有患乃可解釋也。故上文云「智者之慮，必雜於利害」也。譬如敵人圍我，我若但知突圍而去，志必懈怠，即必爲追擊，未若勵士奮擊，因戰勝之利以解圍也。舉一可知也。○賈林曰：在害之時，則思利而免害。故措之死地則生，投之亡地則存，是其患解也。○梅堯臣曰：以利參害，則禍可脱。○王皙曰：周知其害，則不敗矣。○何氏曰：利害相生，明者常慮。○張預曰：以所利而參所害，可以解己之難。張方入洛陽，連戰皆敗。或勸方宵遁，方曰：「兵之利鈍是常，貴因敗以爲成耳。」夜，潛進逼敵，遂致克捷。此是在害思利也。

是故屈諸侯者以害，

曹操曰：害其所惡也。○李筌曰：害其政也。○杜牧曰：惡，音一路反。言敵人苟有其所

惡之事，我能乘而害之，不失其機，則能屈敵也。○賈林曰：爲害之計，理非一途，或誘其賢智，令彼無臣；或遺以姦人，破其政令；或爲巧詐，間其君臣；或遺工巧，使其人疲財耗；或饋淫樂，變其風俗；或與美人，惑亂其心。此數事，若能潛運陰謀，密行不泄，皆能害人，使之屈折也。○梅堯臣曰：制之以害，則屈也。○王皙曰：窮屈於必害之地，勿使可解也。○張預曰：致之於受害之地，則自屈服。或曰：間之使君臣相疑，勞之使民失業，所以害之也，若韋孝寬間斛律光，高熲平陳之策是也。

役諸侯者以業，

曹操曰：業，事也。使其煩勞，若彼入我出，彼出我入也。○李筌曰：煩其農也。○杜牧曰：言勞役敵人，使不得休，我須先有事業，乃可爲也。事業者，兵衆、國富、人和、令行也。○杜佑曰：能以事勞役諸侯之人，令不得安佚，韓人令秦鑿渠之類是也。或以奇技藝業、淫巧功能，令其耽之心目，内役諸侯，若此而勞。○梅堯臣曰：撓之以事則勞。○王皙曰：常若爲攻襲之業以弊敵也。田常曰：「吾兵業已加魯矣。」○張預曰：以事勞之，使不得休。

卷中　大質篇

八

或曰：壓之以富彊之業，則可役使。若晉、楚國彊，鄭人以犧牲玉帛奔走以事之是也。

趨諸侯者以利。

曹操曰：令自來也。○李筌曰：誘之以利。○杜牧曰：言以利誘之，使自來至我也，墮吾畫中。○孟氏曰：趨，速也。善示以利，令忘變而速至，我作變以制之，亦謂得人之用也。○梅堯臣同杜牧註。○王皙曰：趨敵之間，當周旋我利也。○張預曰：動之以小利，使之必趨。

故用兵之法：無恃其不來，恃吾有以待也；

梅堯臣曰：所恃者，不懈也。

無恃其不攻，恃吾有所不可攻也。

曹操曰：安不忘危，常設備也。○李筌曰：預備不可闕也。○杜佑曰：安則思危，存則思亡，常有備。○梅堯臣曰：所賴者，有備也。○王皙曰：備者，實也。○何氏曰：《吴略》曰：「君子當安平之世，刀劍不離身。」古諸侯相見，兵衛不徹警，蓋雖有文事，必有武備，況守邊固圉，交刃之際歟？凡兵所以勝者，謂擊其空虛，襲其懈怠，苟嚴整終事，則敵人不至。

《傳》曰：「不備不虞，不可以師。」昔晉人禦秦，深壘固軍以待之，秦師不能久。楚爲陳，而吴人至，見有備而返。程不識將屯，正部曲行伍營陳，擊刁斗，吏治軍簿，虜不得犯。朱然爲軍師，雖世無事，每朝夕嚴鼓兵，在營者咸行裝就隊，使敵不知所備，故出輒有功。是謂能外禦其侮者乎！常能居安思危，在治思亂，戒之於無形，防之於未然，斯善之善者也。其次莫如險其走集，明其伍候，慎固其封守，繕完其溝隍，或多調軍食，或益修戰械。故曰：物不素具，不可以應卒。又曰：惟事事乃其有備，有備無患。常使彼勞我佚，彼老我壯，亦可謂「先人有奪人之心」，「不戰而屈人之師」也。若夫莒以恃陋而潰，齊以狎敵而殲，(號)〔虢〕以易晉而亡，魯以果邾而敗，莫敖小羅而無次，吴子入巢而自輕，斯皆可以作鑒也。故吾有以待，吾有所不可攻者，能豫備之之謂也。○張預曰：言須思患而預防之。《傳》曰：「不備不虞，不可以師。」

故將有五危：

李筌、張預曰：下五事也。

必死，可殺也。

曹操曰：勇而無慮，必欲死鬬，不可曲撓，可以奇伏中之。○李筌曰：勇而無謀也。○杜牧曰：將愚而勇者，患也。黄石公曰：「勇者好行其志，愚者不顧其死。」吴子曰：「凡人之論將，常觀於勇，勇之於將，乃數分之一耳。夫勇者必輕合，輕合而不知利，未可將也。」○梅堯臣同李筌註。○何氏曰：《司馬法》曰：「上死不勝。」言貴其謀勝也。○張預曰：勇而無謀，必欲死鬬，不可與力争，當以奇伏誘致而殺之。故《司馬法》曰：「上死不勝。」言將無策略，止能以死先士卒，則不勝也。

必生，可虜也。

曹操曰：見利畏(法)〔怯〕不進也。○李筌曰：疑怯可虜也。○杜牧曰：晉將劉裕泝江追桓玄，戰於峥嶸洲。於時義軍數千，玄兵甚盛，而玄懼有敗衄，常漾輕舸於舫側，故其衆莫有鬬心。義軍乘風縱火，盡鋭争先，玄衆是以大敗也。○孟氏曰：將之怯弱，志必生返，意不親戰，士卒不精，上下猶豫，可急擊而取之。《新訓》曰：「爲將怯懦，見利而不能進。」太公曰：「失利後時，反受其殃。」○梅堯臣曰：怯而不果。○王晳曰：無鬬志。曹公曰：「見利怯不進也。」晳謂見害亦輕走矣。○何氏曰：《司馬法》曰：「上生多疑。」疑爲大患也。○張預曰：臨陳畏怯，必欲生返，當鼓譟乘之，可以虜也。晉楚相攻，晉將趙嬰齊令其徒先具舟於河，欲敗而先濟是也。

忿速，可侮也。

曹操曰：疾急之人，可忿怒侮而致之也。○李筌曰：急疾之人，性剛而可侮致也。太宗殺宋老生而平霍邑。○杜牧曰：忿者，剛怒也。速者，褊急也，性不厚重也。若敵人如此，可以陵侮，使之輕進而敗之也。十六國姚襄攻黄落，前秦符生遣符黄眉、鄧羌討之。襄深溝高壘，固守不戰。鄧羌説黄眉曰：「襄性剛很，易以剛動，若長驅鼓行，直壓其壘，必忿而出師，可一戰而擒也。」黄眉從之。襄怒出戰，黄眉等斬之。○杜佑曰：急疾之人，可忿怒而致死。忿速易怒者，狷戇疾急，不計其難，可動作欺侮。○梅堯臣曰：狷急易動。○王晳曰：將性貴持重，忿狷則易撓。○張預曰：剛愎褊急之人，可凌侮而致之。楚子玉剛忿，晉人執其使以

怒之，果從晉師，遂爲所敗是也。

廉潔，可辱也。

曹操曰：廉潔之人，可汙辱致之也。○李筌曰：矜疾之人，可辱也。○杜牧曰：此言敵人若高壁固壘，欲老我師，我勢不可留，利在速戰。揣知其將多忿急，則輕侮而致之；性本廉潔，則汙辱之。如諸葛孔明遺司馬仲達以巾幗，欲使怒而出戰，仲達忿怒欲濟師，魏帝遣辛毗仗節以止之。仲達之才，猶不勝其忿，況常才之人乎！○梅堯臣曰：徇名不顧。○王晳同曹操註。○張預曰：清潔愛民之士，可垢辱以撓之，必可致也。

愛民，可煩也。

曹操曰：出其所必趨，愛民者，則必倍道兼行以救之，救之則煩勞也。○李筌曰：攻其所愛，必卷甲而救；愛其人，乃可以計疲。○杜牧曰：言仁人愛人者，惟恐殺傷，不能捨短從長，棄彼取此，不度遠近，不量事力，凡爲我攻，則必來救，如此可以煩之，令其勞頓，而後取之也。○陳皞曰：兵有須救不必救者，項羽救趙，此須救也；亞夫委梁，不必救也。○賈林曰：廉潔之人不好侵掠，愛人之仁不好鬭戰，辱而煩之，其動必敗。○梅堯臣曰：力疲則困。○王晳曰：以奇兵若將攻城邑者，彼愛民，必數救，則煩勞也。○張預曰：民雖可愛，當審利害，若無微不救，無遠不援，則出其所必趨，使煩而困也。

凡此五者，將之過也，用兵之災也。

陳皞曰：良將則不然。不必死，不必生，隨事而用；不忿速，不恥辱，見可如虎，否則閉户。動靜以計，不可喜怒也。○梅堯臣曰：皆將之失，爲兵之凶。○何氏曰：將材古今難之，其性往往失於一偏爾。故《孫子》首篇言「將者，智、信、仁、勇、嚴」，貴其全也。○張預曰：庸常之將，守一而不知變，故取則於己，爲凶於兵。智者則不然，雖勇而不必死，雖怯而不必生，雖剛而不可侮，雖廉而不可辱，雖仁而不可煩也。

覆軍殺將，必以五危，不可不察也。

賈林曰：此五種之人，不可任爲大將，用兵必敗也。○梅堯臣曰：當慎重焉。○張預曰：言須識權變，不可執一道也。

行軍篇

曹操曰：擇便利而行也。○王晳曰：行軍當據地便，察敵情也。○張預曰：知九地之變，然後可以擇利而行軍，故次《九變》。

孫子曰：凡處軍、相敵：

王晳曰：處軍凡有四，相敵凡三十有一。○張預曰：自「絶山依谷」至「伏姦之所處」，則處軍之事也。自「敵近而静」至「必謹察之」，則相敵之事也。相，猶察也，料也。

絶山依谷，

曹操曰：近水草利便也。○李筌曰：軍，我；敵，彼也。相其依止，則勝敗之數、彼我之勢可知也。絶山，守險也。依谷，近水草。夫列營壘，必先分卒守隘，縱畜牧，收樵採，而後寧。○杜牧曰：絶，過也。依，近也。言行軍經過山險，須近谷而有水草之利也。吴子曰：「無當天竈大谷之口。」言不可當谷，但近谷而處可也。○賈林曰：兩軍相當敵，宜擇利而動。絶山，跨山，依谷，傍谷也。跨山，無後患；依谷，有水草也。○梅堯臣曰：前爲山所隔，則依谷以爲固。○王晳曰：絶，度也。依，謂附近耳。曹公曰：「近水草便利也。」○張預曰：絶，猶越也。凡行軍越過山險，必依附溪谷而居，一則利水草，一則負險固。後漢武都羌爲寇，馬援討之。羌在山上，援據便地，奪其水草，不與戰。羌窮困，悉降。羌不知依谷之利也。

視生處高，

曹操曰：生者，陽也。○李筌曰：向陽曰生，在山曰高。生高之地，可居也。○杜牧曰：言須處高而面南也。○陳皞曰：若地有東西，其法何如？答曰：然則面東也。○賈林曰：居陽曰生。視生，爲無蔽冒物（色）〔也〕。處軍當在高。○杜佑曰：高，陽也。視，謂目前生地。處軍當在高。○梅堯臣曰：若在陵之上，必向陽而居，處高乘便也。○張預曰：視生，謂面陽也。處軍當在高阜。

戰隆無登，

曹操曰：無迎高也。○李筌曰：敵自高而下，我無登而取之。○杜牧曰：隆，高也。言敵人在高，我不可自下往高，迎敵人而接戰也。一作「戰降無登」。降，下也。○賈林曰：戰宜乘

萬寇范陽，萬均謂藝曰：「衆寡不敵，今若出鬭，百戰百敗，當以計取之。可令羸兵弱馬阻水背城爲陳以誘之。賊若渡水交兵，請公精騎百人伏於城側，待其半渡而擊之。」從之。建德渡水，萬均擊破之。○張預曰：敵若引兵渡水來戰，不可迎之於水邊，俟其半濟，行列未定，首尾不接，擊之必勝。公孫瓚敗黄巾賊於東光，薛萬均破竇建德於范陽，皆用此術也。

欲戰者，無附於水而迎客；

曹操曰：附，近也。○李筌曰：附水迎客，敵必不得渡而與我戰。○杜牧曰：言我欲用戰，不可近水迎敵，恐敵人疑我不渡也。義與上同，但客主詞異耳。○杜佑曰：附，近也。近水待敵，不得渡也。○梅堯臣曰：必欲戰，亦莫若遠水。○王晳曰：我利在戰，則當差遠，使敵必渡而與之戰也。○張預曰：我欲必戰，勿近水迎敵，恐其不得渡；我不欲戰，則阻水拒之，使不能濟。晉將陽處父與楚將子上夾泜水而軍，陽子退舍，欲使楚人渡，子上亦退舍，欲令晉師渡，遂皆不戰而歸。

視生處高，

曹操曰：水上亦當處其高也。前向水，後當依高而處之。○梅堯臣曰：水上亦據高而向陽。○王晳曰：曹公曰：「水上亦當處其高。」晳謂非謂近水之地。下曹註云：「恐溉我也。」疑當在此下。○何氏曰：視生，向陽，遠視也。軍處高，遠見敵勢，則敵人不得潛來出我不意也。○張預曰：或岸邊爲陳，或水上泊舟，皆須面陽而居高。

無迎水流，

曹操曰：恐溉我也。○李筌曰：恐溉我也。智伯灌趙襄子，光武潰王尋，迎水處高乃敗之。○杜牧曰：水流就下，不可於卑下處軍也，恐敵人開決灌浸我也。上文云「視生處高」也。諸葛武侯曰：「水上之陳，不逆其流。」此言我軍舟船亦不可泊於下流，言敵人得以乘流而薄我也。○賈林曰：水流之地，可以溉吾軍，可以流毒藥。迎，逆也。一云：逆流而營軍，兵家所忌。○梅堯臣曰：無軍下流，防其決灌。舳艫之戰，逆亦非便。○王晳曰：當乘上流。魏曹仁征吴，欲攻濡須洲中。蔣濟曰：「賊據西岸，列船上流，而兵入洲中，是謂自内地獄，危亡之道也。」仁不從而敗。○何氏曰：順流而戰，則易爲力。○張預曰：卑地勿居，恐決水

溉我。舟戰亦不可處下流，以彼沿我泝戰不便也。兼慮敵人投毒於上流。楚令尹拒吴，卜戰不吉，司馬子魚曰：「我得上流，何故不吉？」遂決戰，果勝，是軍須居上流也。

此處水上之軍也。

梅堯臣曰：處水上，當知此五者。○張預曰：凡近水爲陳，皆謂水上之軍。水上拒敵，以上五事爲法。

絶斥澤，惟亟去無留；

陳皥曰：斥，鹹鹵之地，水草惡，漸洳不可處軍，《新訓》曰「地固斥澤，不生五穀」者是也。○賈林曰：鹹鹵之地多無水草，不可久留。○梅堯臣曰：斥，遠也。曠蕩難守，故不可留。○王晳曰：斥，鹵也。地廣且下，而無所依。○張預曰：《刑法志》云：「山川沈斥。」顔師古註曰：「沈，深水之下。斥，鹹鹵之地。」然則「斥澤」謂瘠鹵漸洳之所也。以其地氣濕潤，水草薄惡，故宜急過。

若交軍於斥澤之中，必依水草而背衆樹，

曹操曰：不得已與敵會於斥澤中。○李筌曰：急過不得，戰必依水背樹。夫有水樹，其地無陷溺也。○杜牧曰：斥鹵之地，草木不生，謂之飛鋒。言於此忽遇敵，即須擇有水草林木而止之。○杜佑曰：一本作「背衆木」。言不得已與敵戰，而會斥澤之中，當背稠樹以爲固守，蓋地利，兵之助也。○梅堯臣曰：不得已而會敵，則依近水草，背倚衆木。○王晳曰：猝與敵遇於此，亦必就利而背固也。○張預曰：不得已而會兵於此地，必依近水草以便樵汲，背倚林木以爲險阻。

此處斥澤之軍也。

梅堯臣曰：處斥澤，當知此二者。○張預曰：處斥澤之地，以上二事爲法。

平陸處易，

曹操曰：車騎之利也。○杜牧曰：言於平陸，必擇就其中坦易平穩之處以處軍，使我車騎得以馳逐。○王晳同曹操註。○何氏同杜牧註。○張預曰：平原廣野，車騎之地，必擇其坦易無坎陷之處以居軍，所以利於馳突也。

而右背高，前死後生，

曹操曰：戰便也。○李筌曰：夫人利用皆便於右，是以背之。前死，致敵之地。後生，我自處。○杜牧曰：太公曰：「軍必左川澤而右丘陵。」死者，下也。生者，高也。下不可以禦高，故戰便於軍馬也。○賈林曰：崗阜曰生，戰地曰死。後崗阜，處軍穩；前臨地，用兵便；高在右，回轉順也。○梅堯臣曰：擇其坦易，車騎便利。右背丘陵，勢則有憑。前低後隆，戰者所便。○王晳曰：凡兵皆宜向陽。既後背山，即前生後死，疑文誤也。○張預曰：雖是平陸，須有高阜，必右背之，所以恃爲形勢者也。前低後高，所以便乎奔擊也。

此處平陸之軍也。

梅堯臣曰：處平陸，當知此二者。○張預曰：居平陸之地，以上二事爲法。

凡此四軍之利，

李筌曰：四者，山、水、斥澤、平陸也。○張預曰：山、水、斥澤、平陸之四軍也。諸葛亮曰：「山陸之戰，不升其高；水上之戰，不逆其流；草上之戰，不涉其深；平地之戰，不逆其虛，此兵之利也。」

黄帝之所以勝四帝也。

曹操曰：黄帝始立，四方諸侯無不稱帝，以此四地勝之也。○李筌曰：黄帝始受兵法於風后，而滅四方，故曰「勝四帝」也。○梅堯臣曰：「四帝」當爲「四軍」，字之誤歟？言黄帝得四者之利，處山則勝山，處水上則勝水上，處斥澤則勝斥澤，處平陸則勝平陸也。○王晳曰：四帝，或曰當作「四軍」。曹公曰：「黄帝始立，四方諸侯無不稱帝，以此四地勝之也。」一本「無」作「亦」。○何氏曰：梅氏之説得之。○張預曰：黄帝始立，四方諸侯亦稱帝，以此四地勝之。按：《史記·黄帝紀》云：「與炎帝戰於阪泉，與蚩尤戰於涿鹿，北逐葷粥。」又，《太公六韜》言黄帝七十戰而定天下。此即是有四方諸侯戰也。兵家之法，皆始於黄帝，故云然也。

凡軍好高而惡下，

梅堯臣曰：高則爽塏，所以安和，亦以便勢。下則卑濕，所以生疾，亦以難戰。○王晳曰：有

卷中　治军篇

降無登，且遠水患也。○張預曰：居高則便於覘望，利於馳逐。處下則難以爲固，易以生疾。

貴陽而賤陰，

梅堯臣曰：處陽則明順，處陰則晦逆。○王晳曰：久處陰濕之地，則生憂疾，且弊軍器也。○張預曰：東南爲陽，西北爲陰。

養生而處實，

曹操曰：恃滿實也。養生，向水草，可放牧，養畜乘。實，猶高也。○梅堯臣曰：養生，便水草。處實，利糧道。○王晳曰：養生，謂水草糧糒之屬。處實者，倚固之謂。○張預曰：養生，謂就善水草放牧也。處實，謂倚隆高之地以居也。

軍無百疾，是謂必勝。

李筌曰：夫人處卑下必癘疾，惟高陽之地可居也。○杜牧曰：生者，陽也。實者，高也。言養之於高，則無卑濕陰翳，故百疾不生，然後必可勝也。○梅堯臣曰：能知上三者，則勢勝可必，疾氣不生。○張預曰：居高面陽，養生處厚，可以必勝。地氣乾熯，故疾癘不作。

丘陵隄防，必處其陽，而右背之。

杜牧曰：凡遇丘陵隄防之地，常居其東南也。○梅堯臣曰：雖非至高，亦當前向明而右依實。○王晳曰：處陽則人舒以和，器健以利也。○張預曰：面陽所以貴明顯，背高所以爲險固。

此兵之利，地之助也。

梅堯臣曰：兵所利者，得形勢以爲助。○張預曰：用兵之利，得地之助。

上雨，水沫至，欲涉者，待其定也。

曹操曰：恐半涉而水遽漲也。○李筌曰：恐水暴漲。○杜牧曰：言過溪澗，見上流有沫，此乃上源有雨，待其沫盡水定乃可涉，不爾，半涉恐有瀑水卒至也。○杜佑曰：恐半渡水而遂漲。上雨，水當清，而反濁沫至，此敵人上遏水之占也，欲以中絶軍。凡地有水欲漲，沫先至，皆爲絶軍，當待其定也。○梅堯臣曰：流沫未定，恐有暴漲。○王晳曰：水漲則沫。涉，步濟也。曹説是也。○張預曰：渡未及畢濟，而大水忽至也。沫，謂水上泡漚。

凡地，有絕澗、

前後嶮峻，水橫其中。

天井、

四面峻坂，澗壑所歸。

天牢、

三面環絕，易入難出。

天羅、

草木蒙密，鋒鏑莫施。

天陷、

卑下汙濘，車騎不通。

天隙，

兩山相向，洞道狹惡。六害皆梅堯臣注。

必亟去之，勿近也；

曹操曰：山深水大者，爲絕澗。四方高、中央下者，爲天井。深山所過，若蒙籠者，爲天牢。可以羅絕人者，爲天羅。地形陷者，爲天陷。山澗道迫狹，地形深數尺、長數丈者，爲天隙。○杜牧曰：《軍讖》曰：「地形坳下，大水所及，謂之天井。山澗迫狹，可以絕人，謂之天牢。澗水澄闊，不測淺深，道路泥濘，人馬不通，謂之天陷。地多溝坑、坎陷、木石，謂之天隙。林木隱蔽，蒹葭深遠，謂之天羅。」○賈林曰：兩岸深闊，斷人行，爲絕澗。下中之下，爲天井。四邊澗險，水草相兼，中央傾側，出入皆難，爲天牢。道路崎嶇，或寬或狹，細澀難行，爲天羅。地多沮洳，爲天陷。兩邊險絕，形狹長而數里，中間難通人行，可以絕塞出入，爲天隙。此六害之地，不可近背也。○梅堯臣曰：六害尚不可近，況可留乎？○王皙曰：皙謂「絕澗」當作「絕天澗」，脫「天」字耳。此六者，皆自然之形也。牢，謂如獄牢。羅，謂如網羅也。陷，謂溝坑淤濘之屬。隙，謂木石若隙罅之地。軍行，過此勿近，不然，則脫有不虞，智力無所施也。○張預曰：谿谷深峻，莫可過者，爲絕澗。外高中下，衆水所歸者，爲天井。山險環繞，

所入者隘，爲天牢。林木縱横，葭葦隱蔽者，爲天羅。陂池泥濘，漸車凝騎者，爲天陷。道路迫狹，地多坑坎者，爲天隙。凡遇此地，宜遠過，不可近之。

吾遠之，敵近之；吾迎之，敵背之。

曹操曰：用兵常遠六害，令敵近背之，則我利敵凶。○李筌曰：善用兵者，致敵之受害之地也。○杜牧曰：迎，向也。背，倚也。言遇此六害之地，吾遠之、向之，則進止自由；敵人近之、倚之，則舉動有阻，故我利而敵凶也。○梅堯臣曰：言六害當使我遠而敵附，我向而敵倚，則我利敵凶。○張預曰：六害之地，我既遠之、向之，敵自近之、倚之，我則行止有利，彼則進退多凶也。

軍行有險阻、潢井、葭葦、山林、蘙薈者，必謹覆索之，此伏姦之所處也。

曹操曰：險者，一高一下之地。阻者，多水也。潢者，池也。井者，下也。葭葦者，衆草所聚。山林者，衆木所居也。蘙薈者，可屏蔽之處也。此以上論地形也，以下相敵情也。○李筌曰：以下恐敵之奇伏誘詐也。○梅堯臣曰：險阻，隘也，山林之所産。潢井，下也，葭葦之所

生。皆蘙薈足以蒙蔽，當掩捜，恐有伏兵。○張預曰：險阻，丘阜之地，多生山林。潢井，卑下之處，多産葭葦。皆蘙薈可以蒙蔽，必降索之，恐兵伏其中，又慮姦細潛隱，覘我虚實，聽我號令。「伏」、「姦」當爲兩事。

敵近而静者，恃其險也。

梅堯臣曰：近而不動，倚險故也。○王晳曰：恃險，故不恐也。

遠而挑戰者，欲人之進也。

杜牧曰：若近以挑我，則有相薄之勢，恐我不進，故遠也。○陳皥曰：敵人相近而不挑戰，恃其守險也。若遠而挑戰者，欲誘我使進，然後乘利而奮擊也。○梅堯臣同陳皥註。○王晳曰：欲致人也。挑，謂擿驍敵求戰。○張預曰：兩軍相近而終不動者，倚恃險固也。兩軍相遠而數挑戰者，欲誘我之進也。尉繚子曰：「分險者，無戰心。」言敵人先分得險地，則我勿與之戰也。又曰：「挑戰者，無全氣。」言相去遠，則挑戰，而延誘我進，即不可以全氣擊之，與此法同也。

其所居易者，利也。

曹操曰：所居利也。○李筌曰：居(勿)〔易〕之地，致人之利。○杜牧曰：言敵不居險阻而居平易，必有以便利於事也。一本云：「士爭其所居者，易利也。」○陳皞曰：言敵人得其地利，則將士爭以居之也。○賈林曰：敵之所居，地多便利，故挑我，使前就己之便，戰則易獲其利，慎勿從之也。○梅堯臣曰：所居易利，故來挑戰。○王晳同曹操註。○張預曰：敵人捨險而居易者，必有利也。或曰：敵欲人之進，故處於平易，以示利而誘我也。

衆樹動者，來也。

曹操曰：斬伐樹木，除道進來，故動。○梅堯臣同曹操註。○張預曰：凡軍，必遣善視者登高覘敵，若見林木動搖者，是斬木除道而來也。或曰：不止除道，亦將爲兵器也，若晉人伐木益兵是也。

衆草多障者，疑也。

曹操曰：結草爲障，欲使我疑也。○杜牧曰：言敵人或營壘未成，或拔軍潛去，恐我來追，或爲掩襲，故結草使往往相聚，如有人伏藏之狀，使我疑而不敢進也。○賈林曰：結草多爲障蔽者，欲使我疑之，於中兵必不實，欲别爲攻襲，宜審備之。○杜佑曰：結草多障，欲使我度。稠草中多障蔽者，敵必避去，恐追及。多作障蔽，使人疑有伏焉。○張預曰：或敵欲追我，多爲障蔽，設留形而遁，以避其追；或欲襲我，叢聚草木，以爲人屯，使我備東而擊西，皆所以爲疑也。

鳥起者，伏也。

曹操曰：鳥起其上，下有伏兵。○李筌曰：藏兵曰伏。○杜佑曰：下有伏兵往藏，觸鳥而驚起也。○張預曰：鳥適平飛，至彼忽高起者，下有伏兵也。

獸駭者，覆也。

曹操曰：敵廣陳張翼，來覆我也。○李筌曰：不意而至曰覆。○杜牧曰：凡敵欲覆我，必由他道險阻林木之中，故驅起伏獸駭逸也。覆者，來襲我也。○陳皞曰：覆者，謂隱於林木之內，潛來掩我，候兩軍戰酣，或出其左右，或出其前後，若驚駭伏獸也。○梅堯臣曰：獸驚而

奔，旁有覆。○張預曰：凡欲掩覆人者，必由險阻草木中來，故驚起伏獸奔駭也。

塵高而鋭者，車來也。

杜牧曰：車馬行疾，仍須魚貫，故塵高而尖。○杜佑曰：車馬行疾，塵相衝，故高也。○梅堯臣曰：蹄輪勢重，塵必高鋭。○張預曰：車馬行疾而勢重，又轍迹相次而進，故塵埃高起而鋭直也。凡軍行，須有探候之人在前，若見敵塵，必馳報主將，如潘黨望晉塵，使騁而告是也。

卑而廣者，徒來也。

杜牧曰：步人行遲，可以並列，故塵低而闊也。○梅堯臣曰：人步低輕，塵必卑廣。○王皙曰：車馬起塵猛，步人則差緩也。○張預曰：徒步行緩而迹輕，又行列疎遠，故塵低而來。

散而條達者，樵採也。

李筌曰：煙塵之候，晉師伐齊，曳柴從之；齊人登山，望而畏其衆，乃夜遁，薪來即其義也。此筌以「樵採」二字爲「薪來」字。○杜牧曰：樵採者，各隨所向，故塵埃散衍。條達，縱横

斷絶貌也。○梅堯臣曰：樵採隨處，塵必縱横。○王皙曰：條達，纖微斷續之貌。○張預曰：分遣厮役，隨處樵採，故塵埃散亂而成隧道。

少而往來者，營軍也。

杜牧曰：欲立營壘，以輕兵往來爲斥候，故塵少也。○梅堯臣曰：輕兵定營，往來塵少。

○張預曰：凡分栅營者，必遣輕騎四面近視其地，欲周知險易廣狹之形，故塵微而來。

辭卑而益備者，進也。

曹操曰：其使來辭卑，使閒視之，敵人增備也。○杜牧曰：言敵人使來，言辭卑遜，復增壘塗壁，若懼我者，是欲驕我使懈怠，必來攻我也。趙奢救閼與，去邯鄲三十里，增壘不進，秦閒來，必善食遣之，閒以報秦將，秦將果大喜，曰：「閼與非趙所有矣。」奢既遣秦閒，乃倍道兼行，掩秦不備，擊之，遂大破秦軍也。○梅堯臣曰：欲進者，外則卑辭，内則益備，款我也。

○張預曰：使來辭遜，敵復增備，欲驕我而後進也。田單守即墨，燕將騎劫圍之。單身操版插，與士卒分功，使妻妾編行伍之間，散食饗士，乃使女子乘城，約降，燕大喜。又收民金千

鎰，今富豪遺使遺燕將書曰：「城即降，願無虜妻妾。」燕人益懈。乃出兵擊，大破之。

辭彊而進驅者，退也。

曹操曰：詭詐也。○杜牧曰：吴王夫差北征，會晉定公於黄池。越王句踐伐吴，吴晉方争長未定，吴王懼，乃合大夫而謀曰：「無會而歸，與會而先晉，孰利？」王孫雒曰：「必會而先之。」吴王曰：「先之若何？」雒曰：「今夕必挑戰，以廣民心，乃能至也。」於是吴王以帶甲三萬人去晉軍一里，聲動天地。晉使董褐視之，吴王親對曰：「孤之事君在今日，不得事君亦在今日。」董褐曰：「臣觀吴王之色，類有大憂，吴將毒我，不可與戰。」乃許先歃。吴王既會，遂還焉。○杜佑曰：詭詐驅馳，示無所畏，是知欲退也。○梅堯臣曰：欲退者，使既詞壯，兵又彊進，脅我也。○王晳曰：辭彊示進形，欲我不虞其去也。○張預曰：使來辭壯，軍又前進，欲脅我而求退也。秦行人夜戒晉師曰：「兩軍之士，皆未憖也。來日請相見。」晉臾駢曰：「使者目動而言肆，懼我也。」秦果宵遁。

輕車先出，居其側者，陳也。

曹操曰：陳兵欲戰也。○杜牧曰：出輕車，先定戰陳疆界也。○賈林曰：輕車前禦，欲結陳而來也。○張預曰：輕車，戰車也。出軍其旁，陳兵欲戰也。按：魚麗之陳，先偏後伍，言以車居前，以伍次之，然則是欲戰者，車先出其側也。

無約而請和者，謀也。

李筌曰：無質盟之約請和者，必有謀於人。田單詐騎劫，紀信誑項羽，即其義也。○杜牧曰：貞元三年，吐蕃首領尚結贊因侵掠河曲，遇疫癘，人馬死者太半，恐不得回，乃詐與侍中馬燧款懇，因奏請盟會，燧乃盟之。時河中節度使渾瑊奏曰：「若國家勒兵境上，以謀伐爲計，蕃戎請盟，亦聽信之。今吐蕃無所求於國家，遽請盟會，必恐不實。」上不納。渾瑊率衆二萬，屯涇州平凉縣，盟壇在縣西三十里。五月十三日，瑊率三千人會壇所，吐蕃果衷甲劫盟焉。○陳皥曰：因盟相劫，不獨國朝。晉楚會於宋，楚人衷甲欲襲晉，晉人知之，是以失信也。今言無約而請和，蓋揔論兩國之師或侵或伐，彼我皆未屈弱，而無故請和好者，此必敵人國内有憂危之事，欲爲苟且暫安之計，不然，則知我有可圖之勢，欲使不疑，先求和好，然後乘

我不備而來取也。石勒之破王浚也，先密爲和好，又臣服於浚，知浚不疑，乃請修朝覲之禮，浚許之，及入，因誅浚而滅之。○杜佑曰：未有要約而便來請和，有間謀也。○梅堯臣曰：無約請和，必有姦謀。○王晳曰：無故驟請和者，宜防他謀也。○張預曰：無故請和，必有姦謀。漢高祖欲擊秦軍，使酈食其持重寶啗其將賈豎，秦將果欲連和，高祖因其怠而擊之，秦師大敗。又，晉將李矩守滎陽，劉暢以三萬人討之，矩遣使奉牛酒請降，潛匿精兵，見其弱卒，暢大饗士卒，人皆醉飽，矩夜襲之，暢僅以身免。

奔走而陳兵車者，期也。

李筌曰：戰有期，及將用，是以奔走之。○杜牧曰：上文「輕車先出，居其側者，陳也」，蓋先出車定戰場界，立旗爲表，奔走赴表，以爲陳也。旗者，期也，與民期於下也。《周禮・大蒐》曰「車驟徒趨，及表乃止」是也。○賈林曰：尋常之期，不合奔走，必有遠兵相應，有晷刻之期，必欲合勢同來攻我，宜速備之。○梅堯臣曰：立旗爲表，奔以赴列。○王晳曰：陳而期民，將求戰也。○張預曰：立旗爲表，與民期於下，故奔走以赴之，《周禮》曰「車驟徒趨，（乃）

〔及〕表乃止」是也。

半進半退者，誘也。

李筌曰：散於前。○杜牧曰：僞爲雜亂不整之狀，誘我使進也。○梅堯臣曰：進退不一，欲以誘我。○王晳曰：詭亂形也。○張預曰：詐爲亂形，是誘我也，若吳子以囚徒示不整，以誘楚師之類也。

杖而立者，飢也。

李筌曰：困不能齊。○杜牧曰：不食必困，故杖也。一本從此「仗」字。○杜佑曰：倚仗矛戟而立者，飢之意。○梅堯臣曰：倚兵而立者，足見飢弊之色。○王晳曰：倚仗者，困餒之相。○張預曰：凡人不食則困，故倚兵器而立，三軍飲食，上下同時，故一人飢，則三軍皆然。

汲而先飲者，渴也。

李筌曰：汲未至，先飲者，士卒之渴。○杜牧曰：命之汲水，未及而先取者，渴也。覩一人，三軍可知也。○梅堯臣同杜牧註。○王晳曰：以此見其衆行驅飢渴也。○張預曰：汲者未

旌旗動者，亂也。

杜牧曰：魯莊公敗齊於長勺，曹劌請逐之。公曰：「若何？」對曰：「視其轍亂而旗靡，故逐之。」○杜佑曰：旌旗謬動，抵東觸西傾倚者，亂也。○梅堯臣曰：旌旗輒動，偃亞不次，無紀律也。○張預曰：旌旗所以齊衆也，而動摇無定，是部伍雜亂也。

吏怒者，倦也。

杜牧曰：衆悉倦弊，故吏不畏而忿怒也。○陳皥曰：將興不急之役，故人人倦弊也。○賈林曰：人困則多怒。○梅堯臣曰：吏士倦煩，怒不畏避也。○張預曰：政令不一，則人情倦，故吏多怒也。晉楚相攻，晉裨將趙旃、魏錡怒而欲敗晉軍，皆奉命於楚，郤克曰「二憾往矣，弗備必敗」是也。

粟馬肉食，軍無懸缻，不返其舍者，窮寇也。

一云：殺馬肉食者，軍無糧也。軍無懸缻，不返其舍者，窮寇也。○李筌曰：殺其馬而食肉，故曰軍無糧也。不返舍者，窮迫不及竈也。○杜牧曰：粟馬，言以糧穀秣馬也。肉食者，殺牛馬饗士也。軍無懸缻者，悉破之，示不復炊也。不返其舍者，晝夜結部伍也。如此皆是窮寇，必欲決一戰爾。「缻」音府，炊器也。○梅堯臣曰：給糧以秣乎馬，殺畜以饗乎士，棄缻不復炊，暴露不返舍，是欲決戰而求勝也。○王晳曰：粟馬肉食，所以爲力且久也。軍無缻，不復飲食也。不返舍，無回心也。皆謂以死決戰耳。敵如此者，當堅守以待其弊也。○張預曰：捐糧穀以秣馬，殺牛畜以饗士，破釜及缻不復炊爨，暴露兵衆不復反舍，兹窮寇也。孟明焚舟，楚軍破釜之類是也。

諄諄翕翕，徐與人言者，失衆也。

曹操曰：諄諄，語貌。翕翕，失志貌。○李筌曰：諄諄翕翕，竊語貌。士卒之心恐，上則私語而言，是失衆也。○杜牧曰：諄諄者，乏氣聲促也。翕翕者，顛倒失次貌。如此者，憂在内，是自失其衆心也。○賈林曰：諄諄，竊議貌。翕翕，不安貌。徐與人言，遞相問貌。如此者，必散失部曲也。○梅堯臣曰：諄諄，吐誠懇也。翕翕，曠職事也。緩言彊安，恐衆離也。○王晳曰：諄諄，語誠懇之貌。翕翕者，患其上也。將失人心，則衆相與語，誠懇而患其上

也。〇何氏曰：兩人竊語，誹議主將者也。〇張預曰：諄諄，語也。翕翕，聚也。徐，緩也。言士卒相聚私語，低緩而言，以非其上，是不得衆心也。

數賞者，窘也。

李筌曰：窘則數賞以勸進。〇杜牧曰：勢力窮窘，恐衆爲叛，數賞以悦之。〇孟氏曰：軍實窘也，恐士卒心怠，故别行小惠也。〇梅堯臣曰：勢窮憂叛離，屢賞以悦衆。〇王皙曰：衆窘而不和裕，則數賞以悦之。〇張預曰：勢窘則易離，故屢賞以撫士。

數罰者，困也。

李筌曰：困則數罰以勵士。〇杜牧曰：人力困弊，不畏刑罰，故數罰以懼之。〇梅堯臣曰：人弊不堪命，屢罰以立威。〇王皙曰：衆困而不精勤，則數罰以脅之也。〇張預曰：力困則難用，故頻罰以畏衆。

先暴而後畏其衆者，不精之至也。

曹操曰：先輕敵，後聞其衆，則心惡之也。〇李筌曰：先輕後畏，是勇而無剛者，不精之甚也。〇杜牧曰：料敵不精之甚。〇賈林曰：教令不能分明，士卒又非精練，如此之將，先欲彊暴伐人，衆悖則懼也，至懦之極也。〇梅堯臣曰：先行乎嚴暴，後畏其衆離，訓罰不精之極也。〇王皙曰：敵先行(列)〔刻〕暴，後畏其衆離，爲將不精之甚也。〇何氏曰：寬猛相濟，精於將事也。〇張預曰：先輕敵，後畏人。或曰：先刻暴御下，後畏衆叛己，是用威行愛，不精之甚，故上文以數賞、數罰而言也。

來委謝者，欲休息也。

李筌曰：徐前而疾後，曰委謝。〇杜牧曰：所以委質來謝，此乃勢已窮，或有他故，必欲休息也。〇賈林曰：氣委而言謝者，欲求兩解。〇杜佑曰：戰未相伏，而下意氣相委謝者，欲休息也。〇梅堯臣曰：力屈欲休兵，委質以來謝。〇王皙曰：勢不能久。〇張預曰：以所親愛委質來謝，是勢力窮極，欲休兵息戰也。

兵怒而相迎，久而不合，又不相去，必謹察之。

曹操曰：備奇伏也。〇李筌曰：是軍必有奇伏，須謹察之。〇杜牧曰：盛怒出陳，久不交

說文繫傳　卷中

刃，復不解去，有所待也，當謹伺察之，恐有奇伏旁起也。○孟氏曰：備有別應。○梅堯臣曰：怒而來逆我，久而不接戰，且又不解去，必有奇伏以待我。此以上論敵情。○張預曰：勇怒而來，既不合戰，又不引退，當密伺之，必有奇伏也。

兵非益多也，

曹操曰：權力均。○一云「兵非貴益多」。○賈林曰：不貴衆擊寡，所貴寡擊衆。○王晳曰：晳謂權力均足矣，不以多爲益。○張預曰：兵非增多於敵，謂權力均也。

惟無武進，

曹操曰：未見便也。○賈林曰：武不足專進，專進則暴。○王晳曰：不可但恃武也，當以計智料敵而行。○張預曰：武，剛也。未能用剛武以輕進，謂未見利也。

足以併力、料敵、取人而已。

曹操曰：厮養足也。○李筌曰：兵衆武，用力均，惟得人者勝也。○杜牧曰：言我與敵人兵力皆均，惟未能用武前進者，蓋未得見其人也。但能於厮養之中揀擇其材，亦足并力料敵而

取勝，不假求於他也。○陳皞曰：言我兵力不多於敵，又無利便可進，不必他國乞師，但於厮養中併力取人，亦可破敵也。○賈林曰：雖無武勇之力而輕進，足以智謀料敵、併力而取敵人也。○梅堯臣曰：武，繼也。兵雖不足以繼進，足以并給役厮養之力，量敵而取勝也。○王晳曰：晳謂善分合之變者，足以併力乘敵閒取勝人而已。故雖厮養之輩可也，況精兵乎？曹説是也。○張預曰：兵力既均，又未見便，雖未足剛進，足以取人於厮養之中，以并兵合力，察敵而取勝，不必假他兵以助己。故尉繚子曰：「天下助卒，名爲十萬，其實不過數萬。其兵來者，無不謂其將曰：無爲天下先戰。」此言助卒無益，不如己有兵法也。

夫惟無慮而易敵者，必擒於人。

杜牧曰：無有深謀遠慮，但恃一夫之勇，輕易不顧者，必爲敵人所擒也。○陳皞曰：惟，猶獨也。此言殊無遠慮，但輕敵者，必爲其所擒，不獨言其勇也。《左傳》曰：「蜂蠆有毒，而況國乎？」則小敵亦不可輕。○王晳曰：唯不能料敵，但以武進，則必爲敵所擒，明患不在於不多也。○張預曰：不能料人，反輕敵以武進，必爲人所擒也。齊晉相攻，齊侯曰：「吾姑滅此

而朝食。」不介馬而馳之，爲晉所敗是也。

卒未親附而罰之，則不服，不服，則難用也。

杜牧曰：恩信未洽，不可以刑罰齊之。○梅堯臣曰：傅，至也。德以至之，恩以親之，恩德未敷，罰則不服，故怨而難使。○王晳曰：恩信非素浹洽於人，心未附也。○張預曰：驟居將帥之位，恩信未加於民，而遽以刑法齊之，則怒恚而難用。故田穰苴曰：「臣素卑賤，士卒未附，百姓不信。」又，伍參曰「晉之從政者新，未能行令」是也。

卒已親附而罰不行，則不可用也。

曹操曰：恩信已洽，若無刑罰，則驕惰難用也。○梅堯臣曰：恩德既洽，刑罰不行，則驕不可用。○王晳曰：所謂「若驕子」也。○張預曰：恩信素洽，士心已附，刑罰寬緩，則驕不可用也。

故令之以文，齊之以武，

曹操曰：(丈)〔文〕，仁也。武，法也。○李筌曰：文，仁恩。武，威罰。○杜牧曰：晏子舉司馬穰苴，文能附衆，武能威敵也。○王晳曰：吴起云：「揔文武者，軍之將。兼剛柔者，兵之事也。」

是謂必取。

杜牧曰：文武既行，必也取勝。○梅堯臣曰：令以仁恩，齊以威刑，恩威並著，則能必勝。○張預曰：文恩以悦之，武威以肅之，畏愛相兼，故戰必勝，攻必取。或問曰：《書》云：「威克厥愛，允濟；愛克厥威，允罔功。」言先威也。孫武先愛何也？曰：《書》之所稱，仁人之兵也。王者之於民，恩德素厚，人心已附，及其用之，惟患乎寡威也。武之所陳，戰國之兵也。霸者之於民，法令素酷，人心易離，及其用之，惟患乎少恩也。

令素行以教其民，則民服。

梅堯臣曰：素，舊也。威令舊立，教乃聽服。○張預曰：將令素行，其民已信，教而用之，人人聽服。

令不素行以教其民，則民不服。

王晳曰：民不素教，難卒爲用。○何氏曰：人既失訓，安得服教？

令素行者，與衆相得也。

杜牧曰：素，先也。言爲將，居常無事之時，須恩信威令先著於人，然後對敵之時，行令立法，人人信伏。韓信曰：「我非素得拊循士大夫，所謂驅市人而戰也。所以使之背水，令其人人自戰。」以其非素受恩信，威令之從也。○陳皞曰：晉文公始入國，教其民二年，欲用之。子犯曰：「民未知義，未安其居。」此言欲令民不苟其生也。於是出定襄王。此言示以事君之大義，人務利民，民懷生矣。又將用之，子犯曰：「民未知信，未宣其用。」於是伐原，以示之信。此言在往年伐原，不貪其利，而守其信，民易資者，不求豐焉。此言人無貪詐也，明徵其辭。公曰：「可矣。」子犯曰：「民未知禮，未生其恭。」於是大蒐，以示之禮。及戰之時，少長有禮，其可用也。此五者，教人之本也。夫令要在先申，使人聽之不惑；法要在必行，使人守之，無輕信者也。三令五申，示人不惑也。法令簡當，議在必行，然後可以與衆相得也。○梅堯臣曰：信服已久，何事不從？○王晳曰：知此者，始可言其并力勝敵矣。○張預曰：

上以信使民，民以信服上，是上下相得也。尉繚子曰：「令之之法，小過無更，小疑無申。」言號令一出，不可反易，自非大過、大疑，則不須更改申明，所以使民信也。諸葛亮與魏軍戰，以寡對衆，卒有當代者，不留而遣之，曰：「信不可失。」於是人人願留一戰，遂大敗魏兵是也。